KB167773

중세의 아름다움

Beauty of the Middle Ages
History of Western Medieval Aesthetics

by Kim Yul

Published by Hangilsa Publishing Co., Ltd., Korea, 2017

중세의 아름다움

김율의 서양중세미학사강의

김율 지음

My Little Library ∅ 2

한길사

"아름다움은 선善과 동일하다.
만물은 모든 원인에서
아름다움과 선을 바라기 때문이며,
또 존재자 중에 아름다움과 선을
분유하지 않은 것이라고는
아무것도 없기 때문이다."
· 위 디오니시우스

미학으로 중세를 만나다
· 책 머리에 붙이는 말

『서양고대미학사강의』를 펴낸 지 7년 만에 중세미학에 대한 책을 세상에 내놓는다. 시간이 흘렀고 연구의 내용은 축적되었지만, 책을 쓰는 문제의식은 달라지지 않았다. 그 문제의식은, 아무리 강조해도 지나치지 않겠거니와, 미학은 다름 아닌 철학일 뿐이고 미학을 제대로 공부하는 방법은 철학의 오랜 역사 안에서 미학의 역사를 공부하는 길이라는 점이다. 물론 이 책을 읽으면서 1,000년에 이르는 중세철학의 발전 과정과 면모를 모두 이해한다는 것은 불가능할 것이다. 나는 독자가 이 책에서 쉽게 사용할 수 있는 단편적인 미학적 지식을 몇 가지 습득하기보다는 미학이론을 통해 드러나는 중세철학의 근본적인 성격과 사고방식을 엿볼 수 있기를 바란다.

이 책은 독자를 중세의 그리스도교적 미적 경험으로 초대하려고 한다. 경험을 공유하지 못한다고 해서 경험을 이해할 수 없는 것은 아니다. 경험을 이해한다는 말은 경험의 대상과 경험의 구조를 이해한다는 뜻이다. 그리고 이것이 바로 학문의 과제다. 학문은 명료해진

—헤라클레이토스처럼 말하자면 충분히 건조해진—경험이다. 경험은 명료해짐으로써 보편화된다. 그렇다면 우리가 이해해야 할 그리스도교적 미적 경험은 어떤 것인가? 그것은 예컨대 하위징아가 『중세의 가을』에서 묘사했던 교회의 종소리 같은 것이다. 그는 중세의 삶을 다음과 같이 설명한다.

중세에 빛과 암흑, 침묵과 소요의 대조는 오늘날보다 훨씬 컸다. 현대 도시는 중세식의 절대적 암영이나 절대적 침묵을 알지 못하며, 고립무원한 빛이나 외침의 효과도 알지 못한다. 정신에 비치는 모든 것 각각의 상징적 형태와 영속적 대조가 일상적 삶에 감응을 주었던바, 그 감응은 절망 아니면 희열, 잔혹함 아니면 애정 같은 극단으로 나타났다. 중세의 삶은 그 극단을 오갔다. 그러나 삶의 모든 소요를 지배하고 모든 것을 고요와 질서로 감싸는 소리가 있었다. 교회 종소리가 바로 그것이었다. 교회 종소리는 누구나 알 수 있는 톤으로 기쁨과 슬픔, 평온과 위험을 알려주는 영감이었다.[1]

물론 하위징아가 지적한 깊은 어둠과 총총한 빛과 은은한 종소리를 직접 경험할 수 있는 사람은 존재하지 않는다. 중세는 멀리 떨어져 있기 때문이다. 중세에 다가간다는 것은 오로지 개인적인 기억과 상상 그리고 은밀히 꿈틀대는 형용사와 부사를 통해서 가능할 것처럼 보인다. 그것은 종소리처럼 스며드는 길이다. 그러나 철학과

---

1 하위징아, 최홍숙 옮김, 『중세의 가을』, 문학과지성사, 1988, 12쪽. 인용문은 최홍숙의 번역을 기초로 필자가 수정함.

미학은 상징적 이미지의 연결을 구축하는 대신 필사본과 인쇄본 위에 적혀 있는 명사들의 의미를 소환하고 분석함으로써 역사를 구성하려 시도한다. 철학사와 미학사는 우리가 누구인지를 말해주는, 우리 정신 안에 남아 있는 기록이다. 양피지 필사본은 중세에 속하지만, 정신의 역사는 아직도 우리 것이다.

나는 독자가 이 책에 있는 「찾아보기」를 펼쳐보고, 중세의 미적 경험을 구성하는 사물과 정신의 개념적 구조를 분석하려는 이 책의 의도를 잘 따라와주길 바란다. 우리는 한편으로 우리 자신의 미적 경험을 보편성의 빛 아래서 이해할 수 있는 반성능력을 갖추어야 하며, 다른 한편으로 근대미학이라고 불리는 저 거대한 자의식의 체계가 어떻게 태어났는지를 역사적으로 이해할 수 있어야 한다. 중세의 미적 경험을 철학적으로 탐구하고 중세미학을 역사적으로 조망하는 것이 이에 도움이 될 뿐 아니라 꼭 필요하다는 것은 두말할 나위도 없다.

책을 내면서 마지막으로 바라는 것은, 독자가 중세미학을 통해서 그리스도교가 인간 정신의 삶에 선사한 깊이를 조금이라도 확인하는 것이다. 본래 그리스도교는 인간의 정신을 협소하게 만드는 것과는 아무런 상관이 없다. 역사가 흐르면서 수많은 반례가 나타났지만, 그리스도교가 인간을 개방시키는 물음에서 출발한 종교라는 사실에는 변함이 없다. 그리스도교는 그저 하나의 종교에 머무르지 않는다. 그리스도교는 고대의 유산을 흡수하고 보존했으며, 이성과 협업해 중세철학이라는 독자적인 사유와 물음의 형태를 만들어냈다. 중세철학은 명실상부한 문명의 종합을 표현하는 사유의 형태다. 중세철학은 중세의 철학으로 끝나지 않는다. 근대 인문주의는 한편으로는 그리스도교 중심적 세계관에 대한 극복을 의미하지만, 어떤 의미에서는 그리스도교가 보육하고 또 활용했던 중세적 이성의 놀라운 자기발전이었다.

학부 전공 수업을 반복하면서 강의록을 발전시킬 수 있었던 『서양고대미학사강의』와 달리, 이 책은 실제로 강의한 내용을 바탕으로 한 것은 아니다. 그것은 나의 조건 때문이다. 철학과와 예술학과가 일찌감치 폐과된 학교에서 근무하느라, 상대적으로 깊이 있는 전공 과목을 가르칠 기회를 갖지 못했다. 그러므로 강의실에 앉아 있는 학생들의 얼굴을 떠올리면서 강의록에 살을 붙여나갔던 이전의 책과 달리, 이 책은 덜 생생하게 서술되었을 수도 있을 것이다. 제4장과 제5장에는 기존에 발표했던 논문을 부분적으로 반영하기도 했으니, 어쩌면 독자가 읽기에는 조금 더 딱딱할 수도 있다. 그러나 논문을 반영할 때에도 최대한 쉽게 다시 풀어 썼고 구체적인 예를 보충했으니, 이해하는 데 무리는 없을 것이다.

개인적으로 삶의 한 장을 정리하며 내는 책이다. 안락한 직위나 체면이 아니라, 힘들더라도 행복을 가능하게 하는 양심의 정의를 위해 살겠다는 결심을 적어둔다. 일일이 거명할 수는 없으나, 성실한 연구로 귀감이 되어주시는 학계의 여러 동료 선생님이 없었다면 이 책은 아마도 나오기 힘들었을 것이다. 이 책을 기꺼이 출간해주신 한길사에도 감사드린다.

무엇보다 휴일 없이 연구실로 사라지는 삶을 받아들여준 가족에게 미안하고 감사하다. 초고를 읽으며 눈물을 흘려준 아내의 모습이 눈에 밟힌다. 이 책을 아들 알베르토에게 준다. 사랑을 담아서 준다.

2017년 겨울
김율

중세의 아름다움

1 중세미학이란 무엇인가

중세의 미학인가, 미학의 중세인가

기본적이고 안전한 진술에서 시작하자. 미학이란 아름다움을 대상으로 하는 학문이다.[1]

다시 말해 미학이란 아름다움의 본질과 근거를 묻는 일이다. 아름다움이란 무엇인가? 아름다움의 원인은 무엇인가? 만일 내가 아름다움을 느낀다면, 내가 그렇게 느낀 원인은 무엇인가? 아니, 그 느낌의 정체는 도대체 무엇인가? 미학이란 이러한 일련의 질문들로 구성된 지적인 탐구다.

자, 그렇다면 중세미학이란 무엇인가. 이것은 물을 필요가 없는 것을 공연히 물어보는 소리로 들리기 쉽다. 우리가 중세와 미학이라는 단어의 사전적 의미를 숙지하고 있다면, 중세미학이라는 말의 의미에 굳이 궁금증을 품어야 할 필요가 무엇이 있겠는가. 중세미학이 아름다움에 대한 '중세의' 지적인 탐구를 말한다는 것은 당연하지 않은가.

그런데 이는 반쯤 맞는 말이다. 중세는 원래 역사학자의 용어로

---

1 김율, 『서양고대미학사강의』, 한길사, 2010, 36쪽.

역사학의 시대를 구분하기 위해 만들어진 용어다. 일반적으로 중세는 대략 5세기부터 15세기에 이르는 1,000년여를 가리킨다. 논란의 여지가 아주 없는 것은 아니지만, 고대와 중세를 가르는 역사적 사건으로 지목되는 것은 게르만족의 이동과 서로마제국의 멸망이고, 중세와 근대를 가르는 역사적 사건으로 지목되는 것은 콘스탄티노플 함락과 지리상의 발견 같은 것들이다. 따라서 우리가 피할 수 없이 던져야 할 질문은 이렇다. 역사학의 시대 구분을 미학의 역사, 곧 철학의 역사에 적용하는 것은 가능하고 타당한가. 철학사가는 역사가와 아무 문제없이 제휴할 수 있는가. 인간의 삶과 사회가 방금 언급한 사건들을 비롯한 몇몇 역사적 사건을 계기로 근본적인 단절을 겪었다면, 아름다움에 대한 인간의 사유에서도 이와 비슷한 단절적 변화가 발생했는가. 미학의 역사에도 '중세'가 존재하는가.

이 질문에 대한 답변은 그렇게 분명하지 않다. 어떤 사람들은 엄격한 의미에서 중세미학이라고 부를 만한 것이 존재했다는 사실에 회의적일 것이다. 그래서 역사학자가 중세라고 부르는 그 시대에 우연히 존재했던 수많은 개별적인 미학이론이 다름 아닌 중세미학이라고 대답하려 할 것이다. 이들에게 중세미학은 중세에 있었던 미학, 즉 '중세의 미학'을 의미한다. 반면 어떤 사람들은 그 이전의 미학 그리고 그 이후의 미학과 내용적으로 분명하게 구별되는 중세의 고유한 미학이 존재한다고 생각할 것이다. 그들은 역사학의 기준을 끌어오지 않더라도 존재했을 '미학의 중세'를 형성하는 미학이 존재했다고 생각할 것이며 바로 이를 중세미학이라고 부를 것이다. 중세의 미학과 미학의 중세, 과연 어떤 것이 사태에 더 올바르게 접근하는 것인가.

저마다 다르게 대답할 수 있는 이 질문에 정면으로 맞서는 길은, 과연 중세에 존재했던 미학이 정신의 시대를 구분하는 기준이 될 정도로 하나의 전체로서 고유한 특징을 지니고 있었는지 물어보는 것이다. 우리가 중세미학이라고 부르는 것에는 과연 어떤 구별적인 정체성이 존재하는가. 우리가 중세미학을 중세미학이라고 부르는 이유는 무엇인가. 아마 고대미학과 근대미학 역시 이와 똑같은 질문을 피할 수 없을 테지만, 일단 이 책이 다루는 범위에 해당하는 중세미학의 정체성에 대한 논의를 펼쳐보도록 하자.

그리스도교와 고대미학

철학사에서도 그렇지만, 미학사에서도 중세는 그리스도교가 등장하면서 시작된다. 긍정적이든 부정적이든, 직접적으로든 간접적으로든, 그리스도교는 미학을 각인해 단일한 전체로서의 중세미학을 만들어낸다. 그런 의미에서 중세미학은 중세의 산물이 아니다. 중세미학은 중세가 시작되기 전에 시작되었다는 것이 그 단적인 증거다. 중세미학은 게르만의 용병대장 오도아케르가 서로마제국의 황제를 폐위시키기 전에, 로마제국의 행정체계와 교육체계가 무너지기 전에, 정확히 말해 고대세계가 끝나기 전에 나타났다. 중세미학, 즉 아름다움에 대한 체계적인 중세적 진술은 아우렐리우스 아우구스티누스에게서 시작되었다. 아우구스티누스는 중세철학자이지만 그의 삶은 고대에 속한다.

중세미학은 그리스도교의 산물이다. 물론 그리스도교 혼자 위대한 철학을 낳을 수는 없었다. 본래 그리스도교는 그 시작에서 지적인 세련됨을 갖춘 종교가 아니었다. 예수 그리스도는—물론 진리 자체인 분이었기에 애초에 철학자가 될 필요도, 그럴 논리적 가능성도 없었겠지만—학문적 엘리트와 어울리지도 않았으며 그 스스로도 학자와는 거리가 먼 삶을 살았다. 그는 선생이었지만 무지렁이들의 선생이었다. 그리고 아마 그가 철저히 의도했던 바였겠지만, 그의 약속은 배운 것 없는 기층 민중의 믿음을 불러일으켜 세속의 능력으로부터 보호받지 못하는 소수자의 종교를 출범시켰다. 초기 그리스도인들은 어떤 의미에서 무지를 자랑스러워했다. "지혜로운 자가 어디에 있습니까? 율법 학자가 어디에 있습니까? 하느님께서 세상의 지혜를 어리석은 것으로 만들어 버리지 않으셨습니까? 사실 세상은 하느님의 지혜를 보면서도 자기의 지혜로는 하느님을 알아보지 못했습니다. 그래서 그분께서는 복음 선포의 어리석음을 통해 믿는 이들을 구원하기로 작정하셨습니다. 유다인들은 표징을 요구하고 그리스인들은 지혜를 찾습니다. 그러나 우리는 십자가에 못 박히신 그리스도를 선포합니다. 그리스도는 유다인들에게 걸림돌이고 다른 민족에게는 어리석음입니다."[2]

신비의 관리인[3]이 성실한 사람으로 자신을 드러내기 위해 표징과 지혜를 필요로 하지 않는다는 것에 의문을 품을 이유는 없지만, 역사적 사실은 그리스도교가 유럽의 종교가 되는 과정에서 '그리스인

---

2 「코린토 신자들에게 보내는 첫째 서간」 1, 20~23.
3 「코린토 신자들에게 보내는 첫째 서간」 4, 1.

9세기 초반 만들어진 사도 바오로 서간 필사본에
그려져 있는 사도 바오로.
상트 갈렌 수도원 도서관 소장.

들의 지혜'를 설득하고 이용했음을 보여준다. 신약성경이 희랍어로 기록되고, 말씀으로서의 성자가 철학적 해석의 운명을 피할 수 없는 '로고스'라는 단어로 기록되는 과정을 생각해보면 된다. 그리스도교의 관점에서 희랍철학을 긍정적으로 평가하기 시작하는 순교자 유스티누스Justinus Martyr, 100~165년경와 알렉산드리아의 클레멘스Clement of Alexandria, 150~215년경의 등장은, 그리스도교가 희랍철학의 범주와 논리를 이용해 지적 엄밀성과 보편성을 추구하는 실로 장구한 과정이 시작되었음을 의미한다. 우리가 중세철학이라고 부르는 지적인 노정은 이렇게 시작된다. 그리고 중세미학은, 마찬가지로 희랍철학의 어떤 정수를 취해 그리스도인으로 살아갔던 또 한 명의 인물인 아우구스티누스가 아름다움에 대해 진지한 고민을 전개할 때 시작된다. 당대의 여러 지혜를 편력하고 플라톤주의에서 '이 세상'이 주는 궁극적 지혜를 발견했던 아우구스티누스가 고대미학의 지반에 발을 딛고 있지 않았을 리 없다. 이렇게 중세미학은 고대미학과 그리스도교의 정신적 화합물로 생겨났다.

그렇다면 정확히 어떤 의미에서 그러했는가. 중세미학은 고대미학에서 어떤 유산을 물려받았으며, 고대미학과 구별되는 어떤 특징을 그리스도교를 통해 성취했는가. 고대미학과 중세미학의 연속성은 무엇이고 단절성은 무엇인가.

고대미학의 계승자
먼저 고대미학과 중세미학이 공유하는 특징, 즉 양자의 연속성을 짚어보자. 중세미학은 다음과 같은 몇 가지 근본적인 특징을 고대미학에서 승계했다. 첫째, 중세미학은 아름다움을 설명하는 비례, 조화, 적합성, 빛 등의 미적 범주를 이어받는다. 이 고전적 범주들은 고대뿐 아니라 중세에도—그리고 신고전주의 시대에 이르기까지—미적 판단의 기준으로 통용되었다. 이 범주들은 중세에도 대단히 일반적이고 자연스러운 것들이어서, 이 범주들을 익숙하게 구사하지 않는 중세미학자는 찾을 수 없다. 그러나 사실 답변의 틀인 범주의 연속성보다 더 중요한 것은 그 배후에 있는 물음의 연속성이다. 다시 말해 고대미학이 중세미학에 전해준 가장 중요한 유산은 '아름다움이란 무엇인가'라는 물음 그 자체다. 평범해 보이지만 평범하지 않은, 아름다움의 본질에 대한 이 물음의 형식은 희랍철학의 고유한 자산이었다. 견해와 구별되는 학문적 지식의 견고함과 보편성은 풍부한 현상을 지적해서가 아니라 개념적 본질을 정의함으로써 성립한다. 정의 물음과 개념 구성의 파토스 없이 중세미학은 성립하지 않는다. 중세미학은 중세철학이고 철학이다.

둘째, 중세미학은 고대미학에서 감각적 아름다움에 대한 지성적 아름다움의 우위라는 관점을 이어받는다. 감각적으로 느껴지는 아름다움과 지성적으로 이해하는 아름다움을 구별하는 능력이 애초에 미학을 탄생시킨 인간의 능력이었다. 아름다움이라는 언어로 표출되는 감각적 경험의 정체를 밝혀가다 보면, 인간은 결국 아름다움의 근거인 지성적 아름다움으로 나아갈 수밖에 없다는 것이 고대미학이 근본적으로 성취한 것 가운데 하나였다. 지성적 아름다움의 정체를 구체적으로 어떻게 확정하는지는 별개의 문제이지만 적어도 미학이 미학이기 위해서는 지성적 아름다움을 궁극적인 탐구 대상으로 삼아야 한다는 생각은 고대미학과 중세미학에서 동일하게 유지되었다. 모름지기 학문의 대상은 시간적 변화와 무상함을 어떤 식으로든 견뎌내는 것이어야 한다. 감각적 경험이 학문적으로 탐구된다는 것은, 그 경험의 시간들 자체가 모종의 불변적인 인식의 형식 안으로 재구조화되지 않고서는 불가능하다. 그런데 그 형식은 만들어낸 형식이 아니라 존재의 내용이다. 존재하는 것은 지속적인 것이다. 감각적 아름다움의 경험은 지성적 아름다움의 경험이다. 지속성과 초시간성이라는 기준은 학문의 초시간적 기준이다. 이는 특히 고대철학과 중세철학에서 그러하다.

셋째, 중세미학은 고대미학에서 아름다움 개념의 인간학적 포괄성을 이어받는다. 즉 고중세미학에서 아름다움이란 도덕적 탁월함을 비롯한 인간적 탁월함 전반을 포함하는 개념이었다. 아름다움의 개념이 인간적 탁월함의 개념으로 수렴되는 것은 아니지만, 인간적 탁월함의 개념은 아름다움 개념의 가장 중요한 핵심을 차지한다. 이는 무슨 뜻인가. 일전의 저서에서도 강조했지만, 어떤 의미에서 고대미학이 가장 아름다운 것으로, 가장 경탄하고 칭찬할 만한 것으로 여겼던 대상은 단순히 시각적·청각적으로 즐거움을 주는 질료적 대상이 아니라 그 질료적 현상을 목격하고 그것이 아름다운 이유를 파악할 수 있는 인간 자신의 정신적 능력이었다.[4]

이 정신적 능력은 단순한 미적 감수성이나 판단력이 아니라 아름

---

4 김율, 앞의 책, 2010, 338쪽.

다운 삶을 추구하는 의지와 포부를 뜻한다. 아름다움은 삶의 과제, 즉 살아내야 할 어떤 것이었다. 인간은 자신의 삶을 살아내야 하지만, 기왕이면 훌륭하게, 존경하고 칭찬할 만하게, 완전히 긍정할 수 있도록 자신에게 마땅한 삶을 살아내야 한다. 인간의 이러한 미적인 자기완성이 어떻게 가능할 것인지에 대해서 중세는 현세적이고 인간중심적인 고대의 해법과는 전혀 다른 길을 찾아나섰다. 그러나 적어도 아름다움의 개념이 삶의 완성, 존재의 목적, 선과 같은 이념과 내적으로 결합되어 있었다는 점에서 중세미학은 고대미학의 계승자로 간주될 수 있다. 미학은 단지 아름다운 사물을 감상하고 이를 인지하는 작업이 아니다. 미학은 활동으로써 개입할 필요가 없는 대상의 가치에 거리를 두고 이를 판단하는 일이 아니다. 미학은 아름다움을 실현하는 일이다. 적어도 고대미학과 중세미학에서 이 사실은 분명했다.

사유의 한계 너머를 묻다

지금까지 말한 세 가지 특징은 단순히 중세미학의 부수적인 특징이 아니다. 이는 중세미학이 성립되기 위해 어느 정도 필요했으나 미학의 중세가 진행됨에 따라 약해지고 멀어진 조건이나 배경 같은 것이 아니다. 고대미학이 중세미학 전체에 선사한 혜택이었다. 이 점에서 고대미학과 중세미학은 나눌 수 없는 연속체로 보인다. 이 사실을 부정할 수 있는 사람은 없다. 그러나 그리스도교의 등장은 미학사에 도약을 통하지 않고서는 결코 건너갈 수 없는 중대한 틈

사추덕(왼쪽)과 그에 대응하는 악덕을 의인화한 조각상.
스트라스부르 대성당 서쪽 파사드.

하나를 만들어낸다. 이것은 미학사의 시대를 구분할 수 있게 하는 틈이다. 그리스도교 미학이라고 불러도 무방할, 중세미학의 고유한 특징은 그렇다면 무엇인가?

첫째, 일반적으로 표현하자면 중세미학은 아름다움의 초월성을 훨씬 더 예리하게 사유했다. 당연한 말이지만 고대미학 역시 일종의 초월적 아름다움, 즉 감각적 경험을 넘어서는 절대적이고 불변적인 아름다움을 끈질기게 추구했다. 플라톤이 『향연』과 『파이드로스』에서 설명하려 했던 '아름다움 자체'를 생각해보라. 그러나 우리가 똑같이 초월적^{넘어서는}이라는 용어를 사용한다고 하더라도 아름다움의 초월성을 사유한 중세미학의 경지는 고대미학의 경우와 확연하게 구별된다. 즉 중세미학은 아름다움의 초월성을 단순히 감각과 사유의 분리라는 차원에서 가정하지 않으며 사유의 한계 너머를 사유하려는 새로운 형이상학적 기획으로 받아들인다. 중세철학자들은 사유의 한계를 분명히 자각할 뿐 아니라 그 한계 너머를 '사유할 수 없는 것으로서' 사유하려는 습성을 지니고 있었다. 이렇게 말해보자. 인간은 '존재하는 아름다움'을 사유할 수 있을 뿐, 존재하는 아름다움을 존재하게 하는 '아름다움의 원인'은 명백히 인간의 사유능력^{지성}을 넘어서는 것이다. 그러나 그렇다고 해서 아름다움의 원인을 단순히 존재하지 않는다고 말해야 하는가. 그럴 수는 없다. 그렇다면 어떻게 생각해야 하는가.

중세미학이 사유를 넘어서는 아름다움, 즉 생각으로 경험할 수 있는 것 이상인 아름다움을 고민하는 과제를 떠맡게 된 것이 그리스도교의 창조론 때문이었음은 말할 필요도 없다. 전통적인 희랍철학의 사고방식에서 무에서 존재가 생겨난다는 것은 일종의 난센스다. 있는 것은 있는 것에서 생겨나고, 아름다운 것은 아름다운 것에서 생겨나야 한다. 무로부터의 창조는 논리적 모순이다. 그러나 그리스도교 신학자들은 무와 존재를 동시에 주재하는, 즉 동시에 초월하는 신적 현실성을 가정함으로써 이 모순을 사유해낸다. 그리고 이 사유를 따라 중세미학은 이렇게 말한다. 아름다움의 원인이 아름다움이라면 그 원인이 어떻게 아름다움 '전체'의 원인일 리가 있겠는가. 아름다움의 원인이 아름다움 전체의 원인이기 위해서는, 그 원인이 아름다움 바깥에, 즉 아름다움 너머에 있어야만 한다. 그렇다면 그 바깥은 단순히 아름다움의 부정否定에 불과한가? 그렇게 말할 수는 없다. 존재 전체의 원인은 존재의 부정까지 포괄하는, 존재의 더 큰 현실성이다. 마찬가지로 아름다움의 원인은 아름다움의 부정까지 포괄하는, 아름다움의 더 큰 현실성일 것이다. 원인은 결과보다 본질적으로 더 위대하기 때문이다.

그러므로 우리가 아름다움과 아름다움의 원인에 대해 똑같이 아름답다는 말을 사용하더라도 그 말은 일의적一義的인 용어가 아니라 다의적多義的인 용어다. 이러한 다의적 진술의 곤혹스러움을 중세철학에 앞서 경험했던 고대철학자가 있다. 다름 아닌 플로티노스Plotinos, 204~269년경다. 그는 선, 즉 '하나'to hen를 아름다움의 원인으로 간주하면서, 선 자체는 단순히 '아름답다'고 진술될 수 없는 '아름다움의 저편'임을 분명히 밝혀두려 했다.[5]

5 *Enneades* I, 6. 9.

풀과 나무를 창조하는 하느님을 그린 세밀화.
1350년경 제작된 「요한복음서」 필사본에 실렸다.

사람들이 흔히 신플라톤주의라는 명칭에서 떠올리는 플로티노스적 일자^者 철학의 이 독특한 초월적 감수성은 구체적이고 명시적인 표현의 정도는 달라진다고 하더라도, 좁은 의미의 중세 신플라톤주의 전통뿐 아니라 넓게 보면 중세철학 일반의 성향으로 수용된다. 이런 점에서 플로티노스는 그리스도교의 창조 개념과 더불어 중세미학의 초월적 성향이 비롯된 또 하나의 역사적 근원이라고 할 수 있다.

신적 아름다움

사유능력을 넘어서는 현실에 천착함으로써 중세미학에서는 고대미학의 특징이었던 인간주의적 색채가 뚜렷하게 약화된다. 아름다움을 판단하는 기준은 아름다움의 원인에 있어야 하므로, 중세미학에서 미적 판단의 기준은 인간의 능력을 초월하고 오히려 인간의 능력을 선사하는 신적 지성에 있게 된다. 이는 오로지 하느님만이 참으로 아름답다는 뜻이다. 하느님에게 본래적으로 아름다운 것은 피조물의 아름다움이 아니라 하느님 자신의 아름다움이다. 인간과 피조물의 아름다움이 아니라 신적 아름다움이 미학의 중심이 된다는 것, 바로 이것이 중세미학의 두 번째 특징이다.

물론 고대미학에서도 아름다움 자체는 신적인 것이라고 불릴 수 있었다. 그런데 여기서 '신적'이라는 표현은 냉정하게 말해 '불변적'이라는 의미 이상이 아니다. 변하지 않는다는 것은 인간에게 자연적인 특징이 아니다. 그것은 인간이 도야와 헌신을 통해 자기 능력의 극점에 도달했을 때 아쉽게나마 성취할 수 있는 어떤 상태다. 그러나 중요한 것은, 희랍인들에게는 이러한 신적인 상태가 인간의 능력과 아주 무관한 어떤 영역이 아니었다는 사실이다. 그들에게 신적 경지와 인간의 능력은 통약될 수 없는 관계가 아니었다. 인간 안에 있는 가장 고귀한 능력, 즉 불변적이고 확실한 지식을 얻을 수 있는 인간의 지성이 '인간 안의 신적인 것'으로 불린 이유는 여기에 있다. 분명히 내 안에 있지만 내가 목표로 삼아야 할 어떤 것이 존재하며, 내가 목표로 삼아야 할 것은 근본적으로 나의 바깥에 있지 않다. 요컨대 고대미학의 아름다움은 바로 이런 것이었다.

그러므로 고대미학에서는 최상의 아름다움, 곧 신적 아름다움 역시 결국은 인간이 인간으로서 도달할 수 있는 어떤 가치로 남아 있었다. 고대미학의 이러한 인간주의적 특징은 고대 희랍인들의 신 관념이 근본적으로 의인화의 영역을 벗어나지 못했다는 사정과 당연히 무관하지 않다. 이 지점에서 그리스도교적 중세미학은 고대미학과 근본적으로 단절한다. 중세미학에서 신적 아름다움은 내가 도전하고 도달해야 할 내 한계가 아니다. 말하자면 그것은, 그것의 실현을 위해 내가 기도해야 할 내면적 기준 같은 것이다. 아름다움은 내 안에서 일어나는 현실이지만, 내 것이 아닌 것으로서 조심스럽게 발견되는 현실이다. 그것은 오로지 다의적인 의미로만 존재한다고 말할 수 있을 뿐인, 하느님의 드러남^{계시}이다.

이처럼 중세미학의 근간은 아름다움과 초월적 신성을 동일화하는 것이다. 이로써 우리가 익히 알고 있는 고대미학의 개념적 유산들, 즉 비례·조화·빛 등의 범주들은 중세미학에서 완전히 새로운 방식으로 적용된다. 즉 그것은 여전히 물체, 도덕적 행위, 학문적 지식의 속성으로 이해되기도 하지만, 가장 근본적으로는 그리스도교의 하느님의 속성으로 파악된다. 최고의 빛, 최고의 비례와 조화는 다름 아닌 하느님에게 속한다. 토마스 아퀴나스와 요한네스 둔스 스코투스에게서 공통적으로 드러나듯이, 고대미학에서 유래한 미적 범주들의 신학적 적용은 삼위일체 교리와 관련이 깊다. 하느님이 스스로를 감추기도 하는 분이냐는 문제는 실로 오래전부터 논쟁과 갈등을 불러일으켜왔으나 그리스도교 신학에서 논쟁의 여지없이 분명한 합의 가운데 하나는 하느님이 '드러나는 분'이라는 사실이다. 하느님은 영원으로부터 이 세상을 창조한 주인일 뿐 아니라, 영원한 자기 자신을 남김없이 인식하는 분이기도 하다. 하느님은 자기 자신에게 인식되는 분, 자기 자신에게 드러나는 분이다. 그리스도교 신학자들이 성부라는 이름으로 부르는 분이 바로 그다. 중세미학은 그를 아름다움 자체라고 부른다.

아름답지 않은 것은 없다

이처럼 우리는 고대미학의 개념적 유산이 삼위일체론이나 그리스도론의 맥락에서 수용되고 적용된다는 것을 중세미학의 세 번째 특징으로 간주할 수 있다. 중세미학의 마지막 특징은 미학이 존재론의 지평 위에서 전개된다는 것이다. 가장 먼저 확인해야 할 점은, 중세

여자의 창조를 표현한 부조.
14세기 초반 세워진 오르비에토 대성당 서쪽
파사드.

미학에서 아름다움은 특수한 부류의 사물이 갖는 조건이 아니라 모든 존재자가 갖는 보편적인 모습으로 이해되었다는 것이다. 「창세기」 제1장 제30절에 나타나는, 창조의 결과물 전체를 긍정하는 하느님을 비롯해 성경 곳곳에서 이러한 정신적 태도를 낳게 된 종교적 관점이 드러난다. 하느님은 전능하며 전능한 하느님이 창조한 세상은 완전하다.

아름답지 않은 것은 없다. 굳이 말하자면 덜 아름다운 것이 있을 뿐이다. 이 또한 더 아름다운 것이 있기 때문에, 그런 한에서 그럴 뿐이다. 사람들이 아름다움의 상반개념, 즉 추함이나 흠이라고 부르는 것은 지극히 상대적이고 일시적인 것일 뿐이다. 그런데도 도대체 그런 것이 왜 존재하는가? 중세미학에서 이러한 물음은 실재하는 대상의 실제적 원인에 대한 질문이라는 자격 자체를 상실한다.

존재자 일반의 속성으로서 아름다움을 탐구하는 중세미학의 이러한 근본적인 시각은, 형이상학의 규정적 대상이 존재자로서의 존재자라는 아리스토텔레스의 관점이 문헌적으로 수용되는 12~13세기에 들어서 더 세련된 모습을 갖추게 된다. 앞으로 살펴보겠지만 아리스토텔레스 형이상학을 수용한 결과 나타나는 중세 스콜라철학 존재론의 한 형태가 바로 초월범주 이론인데, 이 초월범주 이론이 아름다움의 존재론적 지위를 가늠하고 따져볼 수 있는 유용한 틀로 기능하게 되는 것이다.

중세미학이 언제나 존재자 자체의 아름다움에 주목한다는 말, 즉 중세미학이 존재론의 지평 위에서 전개된다는 말이, 개별적인 사물의 특수한 미적 특성—적합함^{decorum}, 우아함^{suavitas}, 고귀함 ^{nobilitas} 등의 범주들—이나 예술적 산출의 문제 또는 미적 즐거움 이나 판단의 문제를 중세미학이 전적으로 도외시했다는 것을 의미 하지는 않는다. 단편적으로 흩어져 있을 뿐이지 이러한 구체적인 주제에 대한 미학적 통찰은 중세철학의 텍스트에서 수없이 찾아볼 수 있다. 그러나 주와 종을 나누자면, 중세미학에서 아름다움의 현 상적 개별성에 대한 논의는 분명히 종속적 위치에 있다. 더 중요한 것은 아름다움의 존재론적 해명과 이러한 종속적 주제들 사이에 어떠한 체계적인 연결도 찾아보기 힘들다는 사실이다. 이는 놀랄 일이 아니라 당연한 일이다. 앞선 저서에서도 강조했듯이 아름다 움과 예술과 감성능력의 연결은 근대미학 이후에 일어난 일일 뿐 이다. 18세기 전까지 2,000년 하고도 몇백 년 동안 축적된 문헌의 역사에서, 아름다움은 기술이나 감각을 통해 제한적으로 규정되거 나 실현되는 현실성이 아니라 그런 주관적 영역을 포함하고 넘어 서는 훨씬 더 광범위한 현실성이었다.

지금까지 살펴본 중세미학의 정체성을 정리해보자. 중세미학은 존재자 전체를 초월하는 존재자의 근원을 사유하려 하며 동시에 존 재자 전체의 모습을 사유하려 한다. 이런 의미에서 중세미학은 근 본적으로 형이상학적이고 동시에 존재론적이다. 조화나 비례 같은 미적 범주 외에도, 플라톤의 분유이론이나 아리스토텔레스의 범주 론 같은 고대의 유산이 남겨둔 사라지지 않는 길 위를 중세미학이 걸어간다는 것은 말할 필요도 없다. 그러나 중세미학은 태생적으로 그리스도교 미학이다. 중세철학 자체가 그리스도교와 고대 희랍사상의 결혼으로 태어난 정신의 역사다. 이는 미학의 역사에서도 다르지 않다. 철학의 중세가 존재하듯이 미학의 중세가 존재한다. 학문의 명칭이 다르기에 두 개의 역사가 있는 것처럼 들릴 뿐 사실은 거대한 정신의 역사 하나가 있을 뿐이다. 미학의 역사는 철학의 역사로 환원된다. 우리는 아우구스티누스에게서 이러한 환원적 역사의 중세적 단계를 확인할 수 있다.

2 정신으로 밝히는 참된 아름다움

아우렐리우스 아우구스티누스

아우구스티누스라는 사람

철학사에 등장하는 다른 대가들도 마찬가지지만, 아우렐리우스 아우구스티누스Aurelius Augustinus, 354~430 같은 인물을 한마디로 설명하기란 쉽지 않다. 아우구스티누스의 경우는 특히 더 그러하다. 그의 저서가 곤란할 정도로 방대하고 그 속에 담긴 사색의 자산이 특출하게 무궁무진하기 때문인 것만은 아니다. 아우구스티누스를 간단히 설명하기 어려운 이유는 그가 두 시대를 잇는 삶을 살았기 때문이다. 그렇다면 그는 어떤 시대를 살았는가. 로마제국이 대표하는 고대는 저물어가고 있었고, 새로운 그리스도교 세계의 질서는 아직 멀리 있었다. 세계라는 말을 인간적인 의미로 이해할 때, 그는 옛 세계의 폐허 속에서 새로운 세계를 창조해야 할 임무를 지니고 있었다.

물론 아우구스티누스는 자신의 이 임무를 우리가 지금 알고 있는 방식대로 의식하고 있지는 않았다. 그는 로마가 멸망하리라는 것을 알지 못했기 때문이다. 그는 알라리크가 고트족 군대를 이끌고 로마를 유린한 410년 8월 24일의 사건을 받아들이기 힘들어했다. 자신의 도시에 반달족이 쳐들어온 것을 보며 눈을 감을 때까지도 여전히 로마는 그에게 유일한 '땅 위의 국가'civitas terenna였다. 그가 타락하는 세속 국가를 맹렬하게 비판한『신국론』은 로마를 전복하기 위해서가 아니라 보수補修하기 위해 쓴 저작이었다. 그러나 이 모든 것을 감안하더라도 그가 매우 특별한 의미에서 서양 중세를 적극적으로 창조한 인물이라는 점에는 의심의 여지가 없다. 좁은 의미의 중세 아우구스티누스 전통뿐 아니라 중세의 정신 전체가 운신할 수 있었던 사유의 지평이 그에게서 비롯되었기 때문이다.

이 사실을 이해하기 위해서는 아우구스티누스의 삶을 들여다보아야 한다. 공간적으로 보면 그는 아프리카에서 시작해 로마와 밀라노에서 세속적 성공을 누리고 다시 아프리카로 돌아와 안식을 찾는다. 그는 354년 알제리의 소읍 타가스테에서 태어났다. 30세 때 지역의 수도였던 카르타고에서 교사 생활을 하다 출세하기 위해 지중해를 건넜으며 로마와 밀라노 생활을 거쳐 35세 때 다시 아프리카로 돌아왔다. 그러나 시간적으로 그의 삶은 386년 8월 1일을 기점으로 둘로 나뉜다. 이 날 무슨 일이 일어났는지 궁금한 독자는『고백록』제8권 제12장을 '집어 들고 읽어보면'tolle, lege 된다. 아우구스티누스는 그날 도저하게 의식된 삶의 분열 위에서 뒹굴다가 성경 한 구절을 집어 들어 읽는 것으로 삶의 전변을 겪는다. 그리스도교 문학에서 한 인간의 회심이 이처럼 생생하고 아름답게 묘사되어 있는 대목을 찾기는―토머스 머튼Thomas Merton, 1915~68의『칠층산』곳곳에서 아마 비슷

▲▲ 저술에 몰두하고 있는 아우구스티누스의
모습을 그린 독일 랑엔첸 성당 제단화.
15세기 중반의 작품이다.
▲ 보티첼리, 「공부하는 아우구스티누스」, 1940.

한 느낌을 받을 수 있을지 모르지만—쉽지 않다.

아우구스티누스는 한 번의 삶을 살았지만 두 개의 삶을 살았다. 회심하기 전까지의 삶이 세속적 성공과 함께 육체적 쾌락을 추구하는 삶이었다면 회심한 후의 삶은 내면의 자아를 대면하고 영원한 진리를 바라보는 삶이었다. 전자의 삶이 사회적 의미에서든 지적 의미에서든 '잘남'^{탁월성}을 칭송하는 그리스 이래 서양 고전문명의 세례를 받고 태어난 삶이었다면, 후자의 삶은 밀라노의 암브로시우스에게서 세례를 받고 태어난 삶이었다. 아우구스티누스가 회심 직전에 플라톤주의자들의 책을 읽고 오랜 지적 방황을 끝냈다는 것은 매우 의미심장하다. 아수구스티누스는 조악한 문체로 야만적인 역사를 허술하게 서술하는 구약성경에 질려 어린 시절 그리스도교에서 정을 뗀다. 그 후 파란만장한 지적 방황을 겪는데 이러한 방황은 플라톤주의자들의 책을 읽는 것으로 끝난다. 아우구스티누스가 거기서 찾아낸 가르침은 무엇인가. 한마디로 비물질적인 것들이 실재한다는 가르침이다. 눈으로 볼 수 있고 손으로 만질 수 있는 것들 바깥에서 실재^{reality}를 생각할 수 있다니! 플라톤주의는 소극적인 의미에서는 유물론의 극복이지만, 적극적인 의미에서는 그리스도교로 나아가는 문턱이었다.

아우구스티누스가 플라톤주의자의 책을 읽은 것이기도 하지만, 어쩌면 플라톤주의자의 책이 아우구스티누스에게 읽힌 것이라고 해야 더 맞을지도 모르겠다. 지성과 의지, 양심과 열정, 영혼과 몸, 성취와 공허 사이에서 극도의 분열을 겪으며 회심을 준비하던 명민한 재능에 낚아 채임으로써, 플라톤주의는 몰락한 고전문명을 넘어 그리스도교의 역사 속으로 이관된다. 그리스도교의 몸속에 플라톤 주의라는 철학적 사유의 혈액이 흐르게 한 사람, 그가 바로 아우구 스티누스였다.

미학적 회심

다시 말하지만 아우구스티누스는 두 개의 삶을 살았다. 그렇다면 아우구스티누스가 '회심'이라는 체험을 통해 새로운 종류의 삶으로 나아갔다는 것은 그의 미학적 이론에서 어떤 의미가 있을까. 한 사람이 뚜렷이 구별되고 대조되는 두 개의 삶을 산다는 것이 흔한 일은 아니지만, 그렇다고 하나의 균일한 삶을 산다는 것 또한 쉬운 일은 아니다. 삶이 변화한다는 것은 사물을 바라보는 한 사람의 시각이나 미감美感 또는 미학적 견해에 어떤 영향을 미칠까. 아우구스티누스의 사례는 다소 극적인 것 같다. 먼저 『고백록』의 다음 구절을 읽어보자.

그즈음 나는 이런 것을 통 모르고, 열등한 아름다움을 사랑하다가 심연 속을 헤매고 있었습니다. 나는 내 벗들에게 말했습니다. "우리가 사랑하는 것이 아름다운 것 말고 또 무엇이 있는가" "그렇다면 아름다운 것이 무엇인가? 아름다움이란 무엇인가? 도대체 무엇이 우리를 사로잡아 우리가 사랑하는 사물과 묶어놓는 것인가? 맵시decus와 고움species 없는 것이라면 사랑할 마음이 움직이지 않을 것이 아닌가?" 그리하여 내가 보고 느낀 바로는 육체에서 어느 것은 전체가 온전하기에 아름답다는 것과 또 어느 것은 부분일지라도 알맞아서, 말하자면 육체의 한 부분이 몸 전체에 또는 구두가 발에 들어맞는 식으로 알맞아서 아름답다는 것이었습니다. 이런 생각이 내 마음속 깊이 용솟음하고 있었기 때문에『아름다움과 알맞음』 ^{De pulchro et apto}이라는 책을 썼습니다. 두 권인지 세 권인지는 잊었지만 하느님, 당신은 아시오리다. 그 책들은 지금은 수중에 없고 웬일인지 흐지부지되고 말았습니다.[1]

"혼자서 기묘한 일을 하시는" ^{「시편」 제72장 제18절} 전능하신 이여, 나는 당신 솜씨 안에 있는 사물의 요체를 알아보지 못해 제 정신은 물체의 형상만을 싸고 돌았습니다. 그리하여 아름다운 것을 그 자체로 그러한 것으로, 적합한 것을 다른 것에 어울리는 것으로 정의하고 구별하며, 그 예를 물체에서 들었습니다. 영혼의 본성을 파고들려 했으나, 영적인 존재자에 대해 그릇된 의견을 지니고 있었기 때문에 진리를 엿볼 수 없었습니다. 그 진리의 세찬 힘이 안공 속으로 벅차 와도 출렁이는 마음을 무형한 것에서 선^線

---

1 *Confessiones* IV, 13. "Haec tunc non noveram, et amabam pulchra inferiora, et ibam in profundum et dicebam amicis meis: num amamus aliquid nisi pulchrum? quid est ergo pulchrum? et quid est pulchritudo? quid est quod nos allicit et concilliat rebus, quas amamus? nisi enim esset in eis decus et species, nullo modo nos ad se moverent. et animadvertebam, et videbam in ipsis corporibus aliud esse quasi totum et ideo pulchrum, aliud autem, quod ideo deceret, quoniam apte accomodaretur alicui, sicut pars corporis ad universum suum aut calciamentum

과 색과 팽창한 부피로 옮겼습니다. 그리고 이런 것들을 영혼 안에서 볼 수 없었기 때문에, 따라서 내 영혼도 볼 수 없는 줄로 여겼습니다. 그러면서도 덕 안의 평화를 사랑하고 악덕 안의 불화를 미워하던 나였던 만큼 전자에게 일치^{unitas}가 있고 후자에게 분리^{divisio}가 있다고 보았습니다. 그런즉 이성적 정신 그리고 진리 또는 최고선의 본성은 저 일치에 있을 것이요, 무엇인지 저도 모르는 비이성적 생명의 실체와 최고악의 본성은 저 분리에 있으리라고 보았습니다.[2]

ad pedem et similia. et ista consideratio
scaturrit in animo meo ex intimo corde meo, et
scripsi libros de pulchro et apto, puto, duos aut tres;
tu scis, deus: nam excidit mihi. non enim habemus
eos, sed aberraverunt a nobis nescio quomodo."
최민순 신부의 번역을 기초로 필자가 약간 수정함.

2 *Confessiones* IV, 15. "Sed tantae rei cardinem in arte
tua nondum videbam, omnipotens, qui facis mirabilia
solus, et ibat animus meus per formas corporeas,
et pulchrum, quod per se ipsum, aptum autem,
quod ad aliquid adcommodatum deceret, definebam
et distinguebam et exemplis corporeis adstruebam, et
converti me ad animi naturam, et non me sinebat
falsa opino, quam de spiritalibus habebam, verum
cernere. et inruebat in oculos ipsa vis veri, et
avertebam palpitantem mentem ab incorporea re ad
liniamenta et colores et tumentes magnitudines, et
quia non poteram ea videre in animo, putabam me
non posse videre animum meum, et cum in virtute
pacem amarem, in vitiositate autem odissem
discordiam, in illa unitatem, in ista quandam
divisionem notabam, inque illa unitate mens
rationalis et natura veritatis ac summi boni mihi esse
videbatur: in ista vero divisione inrationalis vitae
nescio quam substantiam, et naturam summi mali."

첫 번째 인용문에서 아우구스티누스는 육화 강생한 하느님을 사랑하는 것이 참된 행복임을 알지 못하던 때—정확히 말해 카르타고에서 교사 생활을 하던 시기—에 아름다움에 대한 자신의 관점이 어떠했는지 말하고 있다. 일단 그는 크게 두 가지 '미적 범주'를 가지고 있었던 것 같다. '맵시'라고 옮긴 'decus'는 기본적으로 어떤 부분이 전체에 잘 어울릴 때 그 부분과 전체의 관계를 지칭하는 말이다. 따라서 맵시는 어울림 또는 잘 맞음을 의미하고 근본적으로 '부분이 있는 것들'에 대해 사용하는 용어다. 이에 비해 '고움'이란 단일자에 대해 쓰는 용어다. 고움이라고 번역한 'species'는 희랍어의 'eidos'에 상응하는 말로, 본래 종種이나 형상形像을 의미한다. 모든 것의 본모습은 얼마나 고운가! 흠이 생기지 않은 본모습 그대로 '곱게' 존재하는 것이 아름답다는 의미에서,[3] '고움'은 한 사물에 대한 다른 사물의 알맞음이 아니라 한 사물이 그 사물로서 깔끔하게 지니는 어떤 속성에 해당한다.

우리가 아니라 아우구스티누스 자신에게 망실忘失의 책임이 있는 그의 초기 저작 『아름다움과 알맞음』은 이 두 미적 범주의 구별을 모티프로 삼았다. 남아 있었다면 소크라테스 이래 희랍 고전미학의 수용을 보여주는 좋은 전거로 우리가 열독했겠지만, 아우구스티누스 본인은 잃어버린 그 책에 별 가치를 두고 있지 않았던 듯하다. 두 번째 인용문에서 드러나는바, 아름다움에 대한 당시의 탐구는 일종의

---

3 토마스를 다룰 때 살펴보겠지만, 형상(species)은
   아름다움(pulchritudo)과 같은 의미로 쓰이기도 한다.
   그 이유는 아름다움이 손상되지 않은 온전함, 즉 형상
   그대로의 상태를 뜻하기 때문이다. 라틴어 'species'는
   바로 이런 점에서 한국어 '고움'으로 비교적 적절하게
   옮길 수 있다. 예컨대 '곱게 놓아두세요'라는 말은
   손상이나 변형을 가하지 말고 있는 그대로 온전하게
   놓아두라는 말이고, '곱게 지웠다'라는 말은 인위적인
   흔적을 깔끔하게 없애고 원래 모습대로 되돌렸다는 의미다.

유물론적 시각에 갇혀 있었기 때문이다. 즉 아우구스티누스는 아름다움이든 적합함이든 우리에게 사랑을 불러일으키고 기쁨을 가져다주는 것이 육체의 눈으로 보이는 물체의 형상에 있다는 생각에 무의식적으로 갇혀 있었다. 물론 스스로 고백하듯이, 그가 영혼이나 영혼의 덕에 관심이 없었던 것은 아니다. 그러나 문제는 그가 영혼을 영혼으로서, 즉 비물질적인 실체로서 사고하는 법을 몰랐다는 점이다. 윤곽·색채·체적 같은 물체적 성질을 통하지 않고서는 존재자의 정체와 존재의 의미를 사유조차 하지 못하는 상태에 빠져 있다는 점에서는, 하기야 젊은 아우구스티누스뿐 아니라 현대 과학주의자들도 마찬가지다. 그들은 영혼도 무릇 존재하는 것이라면 물리적 속성으로 측정되어야 하지 않겠느냐고 생각한다.

아우구스티누스는 이런 생각에 빠져 있었으면서도 영혼의 덕은 행동이나 감정으로 감지되는 것이기에 영혼의 덕과 악덕에 대한 모종의 가설을 세웠다. 이 가설에 따르면 덕과 악덕, 선과 악, 이성과 비이성의 원리는 '하나임'일치과 '나뉨'분리이다. 어떤 행동이 덕스럽거나 어떤 사물이 좋은 이유는 그것들이 분열되지 않은 내적 일치를 유지하고 있기 때문이며, 그 일치가 깨져 모종의 분열이 생기면 그 분열을 비이성적 나쁨 또는 악덕이라고 부를 수 있다는 것이다. 이 사고방식은 언뜻 엠페도클레스를 떠오르게 한다. 엠페도클레스도 하나임과 나뉨으로 세계를 설명했다. 사랑은 하나이고 싸움은 나뉨인데, 하나가 여럿으로 나뉘는 과정, 여럿이 하나로 합쳐지는 과정이 반복되면서 이 세계는 사랑과 싸움의 영원한 순환을 계속하게 된다는 것이다.[4] 엠페도클레스에게서든 젊은 아우구스티누스에게서든, 하나임이라는 원리는 상대적인 원리였다. 즉 일치는 사랑과 선의 원리이되 분열에 대립되는 원리이지 이 대립 자체를 없애는 원리는 아니다. 사랑은 일치여서 싸움과 구별되는데 아무리 사랑이어도 이 구별 자체를 어쩌지는 못하지 않는가.

아우구스티누스가 고백하고 있는, 어떤 의미에서 대단히 합리적인 이런 사고방식은 '최고악'summum malum이 실체로서 존재한다는 생각으로 이어진다. 독자적인 원리가 주어져 있다면, 그 원리가 최고도로 실현되는 독립적 실체가 왜 없겠는가. 나중에 아우구스티누스는 이러한 생각이 미혹에 빠져 저지른 실수였음을 깨닫는다. 악이란 본디 어떤 실체가 아니라 결핍일 뿐이기 때문이다.

도식적으로 설명하면 아우구스티누스의 오류는 두 가지였다. 아름다움이라는 선善을 오로지 물리적 차원에서 이해하려 한 것이 하나요, 선의 원리를 상대화해 그것에 대등한 악의 실체를 가정했던 것이 다른 하나다. 그러나 아우구스티누스가 영향을 받고 있었던 구체적인 역사적 이론을 염두에 두면, 사실상 두 오류는 하나의 오류와 다름없다. 선악이원론을 특징으로 하는 마니교는 선신과 악신의 개념을 빛과 어둠이라는 물질적 상태로 환원시킨다는 점에서 유물론적 성격을 지니고 있었기 때문이다. 그래서 아우구스티누스는 신과 세계의 관계, 선과 악의 관계를 서로 다른 용적을 지닌 물체의 관계로 이해하고 있었던 것이다.

---

4 Diels/Kranz, *Die Fragmente der Vorsokratiker*, 31B17 (『소크라테스 이전 철학자들의 단편 선집』, 356~361쪽).

8~9세기 마니교 경전에 그려진 마니교의 사제들.
마니교는 기원후 3세기 마니가 페르시아에서
창시한 종교로 선악이원론의 세계관을
특징으로 한다.

"이토록 오랜, 이토록 새로운 아름다움"을 향해

아름다움으로 돌아가자. 회심 이전—정확히 말하자면 플라톤주의를 받아들이기 이전—아우구스티누스는 악을 "흉하고 추하거나 조야한 덩어리"moles tetra et deformis sive crassa[5]로 간주했다. 선 또한, 그것이 실체인 이상, 악보다 세련되고 보기 좋은 것일 뿐, 일종의 '덩어리'가 왜 아니겠는가. 그 자체로 아름다운 것이든 다른 것과 어울려서 아름다운 것이든 아우구스티누스가 아름다움을 물리적 속성으로 이해할 수밖에 없었던 이유는 이러한 유물론적 세계관 때문이었다. 아우구스티누스 자신이 누누이 언급하듯이, 그는 물체가 아닌 실체가 존재하며 하느님과 지성이 바로 그런 것이라는 사실을 깨닫기 전까지 이 "덫"laqueus[6]을 빠져나오지 못했다.

아우구스티누스의 지성이 플라톤주의의 세례를 받고 이 덫에서 빠져나올 때를 맞춰제7권 제9장, 암브로시우스제6권 제3장, 사도 바오로제7권 제21장, 심플리키아누스제8권 제1장, 빅토리누스제8권 제2장, 안토니우스제8권 제6장 등이 아우구스티누스의 삶에—실제로든 이야기로든—등장해 그의 종교적 회심을 압박했다. 회심 이전의 삶을 사는 동안 그는 자신이 느끼는 아름다움을 이해할 수 있었을 뿐이다. 즉 그가 즐기고 만끽하고 때로는 허탈해한 아름다움은 물체의 감각적 아름다움이었으며, 그는 바로 이를 탐구했던 것이다. 회심 이후 사태는 달라진다.

늦게야 당신을 사랑했습니다. 이토록 오랜, 이토록 새로운 아름

---

5 *Confessiones* V, 10.
6 *Confessiones* V, 3; 7.

다움이시여, 늦게야 당신을 사랑했습니다. 내 안에 당신이 계시거늘 나는 밖에서, 나 밖에서 당신을 찾아 당신이 만드신 고운 것들in ista formosa 속으로 추하게 돌진했던 것이니! 당신은 나와 같이 계시건만 나는 당신과 같이 아니 있었나이다. 당신 안에 있잖으면 존재조차 없었을 것들이 나를 당신에게서 멀리 떼어놓고 있었나이다. 부르시고 지르시는 소리로 절벽이던 내 귀를 트이시고 비추시고 밝히시사 눈멀음을 쫓으시니, 향 내음 풍기실 제 나는 들이 맡고 그리워 숨 가쁘며, 당신 한 번 맛본 뒤로 기갈 더욱 느끼옵고, 당신이 한 번 만지시매 당신 평화로 마음 살라지나이다.[7]

아우구스티누스는 이제 새로운 아름다움에 주목한다. 그것은 오랫동안 함께 있었으면서도 옛 아름다움에 취해 미처 감지하지도 못했고 따라서 이해하려 시도하지도 못했던 아름다움이다. 최고의 아름다움이자 첫째 아름다움인 그것은 하느님이다. 하느님은 아름다움 자체다. 하느님이 아름다움이라는 말은 어떤 뜻인가. 하느님이야말로 가장 큰 사랑을 불러일으킨다는 뜻이다. 서양미학에서 가장 오래되고 가장 영향력 있는 문헌 가운데 하나인『향연』에서 플라톤이 제시했던 아름다움의 구도는 여기서 신학적인 방식으로 재현된다. 이 재현은 늠름하고 잘생긴 개별 육체에서 시작해 불변하고 절

---

7 *Confessiones* X, 27. "Sero te amavi, pulchritudo
   tam antiqua et tam nova, sero te amavi! et ecce
   intus eras et ego foris, et ibi te quaerebam, et
   in ista formosa, quae fecisti, deformis inruebam.
   mecum eras, et tecum non eram. ea me tenebant
   longe a te, quae si in te non essent, non essent.
   vocasti et clamasti et rupisti surditatem meam:
   coruscasti, splenduisti et fugasti caecitatem meam:
   fragrasti, et duxi spiritum, et anhelo tibi, gustavi et
   esurio et sitio, tetigisti me, et exarsi in pacem tuam."

대적인 아름다움의 이데아로 상승하는 다섯 단계의 사다리를 피조물과 신이라는 두 단계로 단순화한다. 이 재현 또는 계승이 변용이라는 것은 분명하다. 특수한 사랑의 체험을 가능하게 하지만 그 자체로서는 존재론적 관념이던 '아름다움 자체'가 종교적이거나 인격적인 함축을 가지는 대상으로 변한 것이다. 그렇다면 하느님이 최고의 아름다움이라는 아우구스티누스의 고백은 어떤 의미에서 플라톤주의의 계승이란 말인가.

먼저 이는 아름다움의 위계를 구별하는 기준의 계승이다. 플라톤에게서나 아우구스티누스에게서나 덧없고 변화하는 아름다움은 불완전한 아름다움이다. 존재한다는 말이 그런 것처럼 아름답다는 말 역시 완전성의 정도를 받아들이는 말이다. 변화를 겪는 물체보다 물체 아닌 형상이 '더' 존재하는 것처럼, 아름다운 물체의 가변적 상태보다 그 물체의 상태를 넘어서 있는 아름다움이 '더' 아름답다. 니체를 읽은 사람이라면 여기서 이렇게 말할지도 모르겠다. 덧없이 변화하는 것들을 영원으로 긍정하라고. 이 말의 일리를 부정할 필요는 없지만 일단 문제가 되는 사태를 정확히 파악해야 한다. 문제는 어떤 것이 변화한다는 사실 자체가 아니라 이러한 변화가 존재하는 이유다. 변화하는 것은 자립적이지 못하기 때문에 변화한다. 우리는 타자에 의존하지 않고 그 자체로 존재하는 것을 변화하는 것이라고 생각할 수 없다. 자립적이라는 것은 연관 없이도 존재할 수 있는 것, 아니, 일단은 연관 없이 존재하는 것이기 때문이다. 그렇다면 인간의 지성은 어디에서 존재의 척도를 받아들여야 하는

플라톤이 『향연』에서 주제로 삼았던 에로스.
플라톤이 내세우는 소크라테스에 따르면
에로스 신은 아주 아름답지도 않고
아주 추하지도 않은, 아주 지혜롭지도 않고
아주 무지하지도 않은 일종의 중간자다.

가. 지성적 존재가 향유해야 할 좋음과 아름다움은 어디에 있는가. 아우구스티누스는 플라톤을 따라 타자에 의존하지 않고 그 자체로 아름다운 아름다움을 찾는다. 그가 찾은 아름다움은 "다 이루어진 말씀"verbum perfectum[8]인 그리스도다.

플라톤주의자들에게 사랑eros은 일종의 신비다. 그것은 나에게서 솟아나는, 내가 감당해야 할 사랑이되 나를 넘어서는 것에 대한 사랑이다. 플라톤은 가사자可死者의 영혼이 얼마나 가변적인 속성을 지니는지 분명하게 의식하고 있었다. 그가 『향연』에서 지적하거니와 영혼에서 나타나는 성격, 욕망, 즐거움, 고통, 두려움, 분노, 행복감 같은 것들은 하릴없이 변덕스럽고, 심지어 지식조차도 인간에게서는 바람처럼 사라지곤 한다.[9] 그러므로 아름다움 자체를 향한 인간 영혼의 사랑은 자신 아닌 어떤 것, 자신이 전혀 갖지 못한 어떤 것에 대한 사랑일 수밖에 없다. 플라톤주의자들의 사랑은 이런 의미에서 자기부정적인 사랑이며 또한 자기성찰적인 사랑이다. 아우구스티누스는 바로 이 사랑의 논리를 본받는다. 변화하는 자가 변화하지 않는 것을 사랑하기 위해서는 도대체 어떻게 해야 하는가. 그가 고백하는바, 회심 이전 자신이 저지른 잘못들은 자신의 정신이 불변하는 최고의 선이 아니라는 점을 깨닫지 못했던 데서 비롯했다.[10] 그러므로 사유하고 사랑하는 자기 자신의 한계를 인식하는 것은 최고의 첫째 아름다움을 발견하기 위한 전제다.

플라톤주의자들의 사랑의 논리에 따르면, 아름다움의 위계를 발견한다는 말과 최고의 아름다움을 사랑한다는 말은 다르지 않다.

---

8 *De Trinitate* VI, 10.
9 *Symposium*, 207e~208a.
10 *Confessiones* IV, 15.

사랑하는 자는 위계의 중간에서 아래 또는 위를 바라보는 자인데, 자신보다 위에 있는 것을 바라보지 않으면 아름다움의 위계가 온전히 보일 리 없기 때문이다. '플라톤주의자들'은 위계^{사다리}를 올라가 최고의 아름다움에 도달하는 삶을 두고, "인간에게 삶이 살 가치가 있는 건 바로 이런 삶에서일 것"[11]이라고 고백하고 "이 삶 말고 다른 행복한 삶은 없을 것"[12]이라고 고백한다.

물론 아우구스티누스가 플라톤주의를 계승했다는 점만 강조해서는 안 된다. 아우구스티누스는 회심한 그리스도인으로서 플라톤을 비롯한 이전의 플라톤주의자들이 사랑해보지 못한 아름다움을 사랑하기 때문이다. 그 아름다움은 "불경한 사람들에게는 주어지지 않는 기쁨"이다. 아우구스티누스는 그 기쁨을 "당신"^{tu}이라고 부르며, 행복한 삶이란 "당신에게서, 당신을 위해, 당신 때문에 기뻐하는 것"^{gaudere de te, ad te, propter te}이라고 말한다.[13] 그 삶을 아름다움 자체에 대한 미적인 향유라고 해도 잘못된 말은 아니다. 그리고 당연한 말이지만 아우구스티누스의 이 미학적 삶—미적으로 완성된 삶—은 자신이 선택하고 노력하기 전에 인격적 상대가 자신을 비추어주고 인도하는 삶이다.

미적 즐거움의 정체

오랫동안 수사학 선생 노릇을 했던 만큼 아우구스티누스는 시적인 감성이 풍부했고 문학의 멋과 즐거움을 잘 알고 있었다. 연극이나 무용을 끊임없이 비판하려 했던 것도 실상은 그가 그런 예술

---

11 *Symposium*, 211d.
12 *Confessiones* X, 22.
13 같은 곳.

을 좋아했기 때문이다. 아우구스티누스만큼 예술적 감수성이 예민하고 실제로 예술을 많이 경험한 철학자는 그리 흔치 않은 것 같다. 그는 작품 도처에서 문학, 연극, 미술, 건축 같은 예술작품을 사례로 들어 철학적 논의를 풀어간다. 무엇보다도 그는 예술이 일으키는 심리적 효과에 관심이 많았다. 예술에서 느끼는 미적 즐거움의 정체는 과연 무엇일까. 미적인 경험의 바탕을 이루는 '아름다움'이란 과연 무엇일까. 이런 고민을 전개하는 대표적인 문헌 가운데 하나가 『참된 종교』다.

아우구스티누스는 우리가 잘 지어진 건축물을 보았을 때 얻는 시각적 즐거움에서 출발한다. 건물을 구성하는 창문이나 기둥 같은 부분의 크기가 균등할 때, 좌우 대칭을 이루어 배열될 때, 우리는 시각적 안정감을 느낀다. 예를 들어 크기가 서로 다른 창문이 세 개 있다고 한다면, 제일 큰 창문과 제일 작은 창문 사이에 있는 중간 창문이 큰 창문과 작은 창문에 대해 같은 정도로 작고 커야 눈에 거슬리지 않을 것이다.[14] 좋은 디자인이란 무엇인가. 부분과 부분이 서로 균형과 조화를 이루고 부분이 전체 속에서 질서를 이루는 디자인일 것이다. 그렇다면 건축자에게 물어보자. 왜 당신은 창문의 크기를 일정한 비율에 따라 정하고, 기둥의 위치를 반대쪽 기둥과 대칭을 이루도록 정하느냐고. 첫 번째 질문에 대해 건축자는 그저 그렇게 하는 것이 아름답고 멋있으니까, 보는 이들에게 즐거움을 줄 테니까 그렇게 한다고 대답할 것이다. 왜 아니겠는가. 아름다운 집을 실제로 짓는 것을 업으로 하는 건축자에게는 이 대

---

14 *De vera religione*, 30. 54.

리비아에 남아 있는 로마시대 건축물 렙티스 마그나(Leptis Magna).
셉티미우스 세베루스(Septimius Severus, 기원전 145~211)황제를
기념해 세워졌다.
아우구스티누스가 이 건축물을 보았을 가능성은 희박하지만,
아우구스티누스의 고향에도 이런 건축물이 있었을 것이다.

답이 충분하겠으나, 현상의 이유를 따지는 철학자에게는 자연스럽게 다음 질문이 이어진다. 왜 그런가.

왜 타지마할이나 무량수전, 작은 시골 성당 같은 건축물은 보는 사람에게 즐거움을 주는가. 이 두 번째 질문은 엄격히 말해 건축물에 대한 질문이 아니라 즐거움에 대한 질문이다. 즉 이 질문은 우리가 즐거움을 느끼는 이유가 무엇인지를 묻는 질문, 더 정확하게 말하면, 즐겁다는 판단의 근거를 묻는 질문이다. 참된 즐거움을 위해서는, 즐거움에 사로잡히는 대신 즐거움을 판단하는 단계를 거쳐야 한다. 그래서 아우구스티누스는 인간의 즐거움에 대한 판관 역할을 자처하면서 건축자에게 이렇게 묻는다. 당신이 지은 건축물은 즐거움을 주기 때문에 아름다운 것인가, 아름답기 때문에 즐거움을 주는 것인가. 이것은 두 번째 질문을 제대로 밀고 나가기 위해 약간 변형한 것이다. 플라톤이 오래전에 『에우티프론』에서 했던 비슷한 질문의 답도 그러했지만, 이 질문에 대한 답은 단연코 '아름답기 때문에 즐거움을 준다'는 것이다. 즐거움은 아름다움의 효과고 아름다움은 즐거움의 원인이다.

아우구스티누스가 건축자에게 던지는 세 번째 질문은, 그렇다면 당신이 지은 건축물은 왜 아름다우냐는 것이다. 아우구스티누스가 스스로 대답하기를, "부분들이 서로 유사하고 모종의 결합을 통해 일치를 이루기 때문이다."[15] 만약 한 건축물에 형태나 크기가 제각각인 창문들이 아무 위치에나 뚫려 있다고 해보자. 그것들은 비록 공간적으로는 같은 건물에 있으나 서로 논리적으로 결합되어 하나의

---

15 *De vera religione*, 32. 59.

유기적인 전체를 구성하고 있다고 보기 힘들 것이다. 『질서론』의 표현을 빌리면 "꼭 그래야만 할 필연성이 있는 것이 아닌데도, 건축물에서 부분들의 동등하지 않은 크기는, 아뿔싸, 보는 사람의 시선에 상해를 끼치는 것과 다름없다."[16] 건축가들은 부분을 논리적으로 결합시켜 하나의 전체로 만드는 원리를 '비율'ratio이라고 부른다. 여기서 우리는 아름다움의 원인에 대한 잠정적인 대답을 얻게 된다. 건축물이든 무엇이든 어떤 대상이 아름다운 이유는 구성 요소가 비율에 따라 결합해 일치를 이루기 때문이다.[17]

아름다움의 원리인 단일성

그런데 우리는 이 잠정적인 대답에 만족하지 않고 살며시 한 걸음을 더 내딛어야 한다. 그렇다면 일치는 왜 아름다운가. 아우구스티누스가 암묵적으로 이해하는바, 그 이유는 일치가 만들어내는 단

---

16 *De ordine* II, 11. 34.

17 우리는 이 대목에서 아우구스티누스가 『신국론』에서 제시했던 물체적 아름다움에 관한 유명한 정의를 떠올릴 수 있다. 뒤에서도 다루겠지만 그의 정의에 따르면 "물체의 모든 아름다움은 색채의 우아함을 동반하는 부분들의 조화다!" (Omnis enim corporis pulchritudo est partium congruentia cum quadam coloris suavitate) 이 정의는 순교자들이나 현세에서 기형으로 고통받았던 의인들이 부활할 때 그들의 육체가 과연 아름다울 것이냐는 신학적인 주제를 다루는 논의에서 등장한다. 따라서 맥락의 특수성을 염두에 두면 물체의 아름다움이 아니라 육체의 아름다움이라고 옮기는 것이 더 적합하다. 그러나 'corpus'라는 라틴어가 육체뿐 아니라 육체를 포함한 물체 일반을 의미하기도 하기 때문에 그리고 더 중요하게는 이 정의의 범위 자체가 물체 일반에 적용될 수 있는 것이기 때문에, 논의 맥락의 특수성이 그다지 중요하지는 않다.

일성에 있다. 일치를 이룬다는 것, 즉 부분이 함께 모인다는 것은 조화 없이는 불가능하다. 그리고 그것은 그렇게 구성된 전체를 비로소 '하나의 사물'로 만든다. 이런 의미에서 일치^{convenientia}[18]는 단일성^{unitas}을 추구한다. "모든 기예에서 일치가 만족을 주며 그것으로 모든 사물은 하나의 온전하고 아름다운 것이 된다. 그리고 일치는 균형^{aequalitas}과 단일성을 추구하며, 그 균형과 단일성은 동등한 부분들의 유사성 또는 비동등한 부분들의 단계적 배열로 가능하다."[19] 어떤 사물이 아름다운 근본적인 이유는 그것이 하나로 존재하기 때문이다. 산산이 갈라져 있는 것, 분열과 불일치에 지배되는 것, 뒤섞인 채로 어떤 단일성도 지니지 못하는 것, 그런 것에는 애초에 아름다움이 들어설 자리가 없다.

단일성이 아름다움의 근본적 원리라는 아우구스티누스의 이 전제를 파악하고 있어야 우리는 그의 네 번째 질문을 이해할 수 있다. 네 번째 질문은 건축물처럼 부분을 포함하는 물체적 대상이 단일성을 완전하게 실현하고 있는지 아니면 그저 단일성이라는 것을 어떤 방식으로 흉내 내고 있는지를 묻는다. 건축가는 아마 후자라고 대

우리가 기억해야 하는 것은 이 간결한 정의의 역사성이다. 이 정의는 조화와 색채라는 두 요소를 병렬적으로 연결시킨다. '조화'(congrugentia)라는 개념은 『참된 종교』와 『질서론』에서 사용되는 'convenientia'라는 개념과 내용상 다를 바 없는 것으로, 스토아학파에서 유래한 것이다. 반면 색채는 신플라톤주의의 빛 개념과 근친성이 있는 개념이다. 『신국론』의 이 정의는 이후 스콜라미학이 받아들이는 물체적 아름다움의 표준적 정의가 된다.

18 'convenientia'라는 용어는 어형 그대로 '함께 온다'(con - venire)는 의미를 내포한다는 것을 염두에 두어야 한다. 이는 문맥에 따라 '일치' 또는 '적합'이라고 옮길 수 있다. 어쨌든 이 용어는 일종의 관계 개념을 나타낸다.

19 *De vera religione*, 30. 55.

답할 것이다. 아무리 아름다운 물체라 하더라도 공간적 차이를 두고 부분들이 각기 다른 곳을 점유하고 있음을 모르지 않을 것이기 때문이다. 그렇다면 곧바로 다섯 번째 질문이 이어진다. 도대체 단일성은 어디서^{ubi} 그리고 어디로부터^{unde} 보이는 것인가. 여기서부터 가상의 대화는 조금 복잡해진다. 다음과 같이 재구성해보자.

a. 아우구스티누스가 건축가에게: 당신은 물체가 단일성을 완전히 실현하고 있지 못하고 단일성을 어떤 방식으로 모방하고 있다고 말했는데, 그 사실은 도대체 어디서 아는 겁니까?

(이 물음에 대해 건축가는 핵심에 닿는 답변을 하지 못하고 물체를 보면서 이렇게 말한다.)
b. 건축가가 물체에게: 만일 어떤 단일성이 너희를 포괄하고 있지 않으면 너희는 존재하지 않겠지. 반대로 너희가 단일성 자체라면 너희는 물체가 아니겠지.

c. 아우구스티누스가 다시 건축가에게: 방금 당신은 단일성을 놓고 물체를 판단했는데, 그러면 그 단일성이라는 것은 어디서 알게 된 것입니까? 당신이 눈으로 보는 것은 물체일 뿐, 단일성 자체는 아닌데 말이죠. 그러니까 단일성은 육안으로 보는 것이 아니라 정신으로 보는 것이지요.

d. 건축가가 아우구스티누스에게: 당신 말대로 우리가 단일성이라는 것을 정신으로 본다면 우리는 그것을 어느 곳에서 보는 걸까요?

e. 아우구스티누스가 건축가에게: 만일 단일성이라는 것이 우리의 신체가 있는 이 장소에 있다면, 저 먼 동방 나라에서 물체에 대해 우리와 똑같은 식으로 판단하는 사람은 단일성을 못 본다는 말이겠지요. 그러니 그것은 장소적으로 어딘가에 담겨 있는 게 아닙니다. 그러나 어디서든 판단자에게 나타나는 것으로 보아, 단일성은 장소적 공간을 통해서는 어디에도 없으나 가능성을 통해서는 없는 곳이 없다고 해야겠지요.

다섯 번째 질문에서 이어지는 대화의 요점은 두 가지다. 첫째, 단일성은 어디에 있는가. 단일성은 물체 안에 흔적으로서 있을 뿐이다. 단일성 자체는 장소적 공간 속에 있지 않다. 둘째, 그렇다면 단일성은 어디에서 유래하며 무엇을 통해 볼 수 있는가. 단일성은 육안이 아니라 정신을 통해서 보는 것이다.[20] 그리고 물체 안에 있는 단일성의 흔적은 감각이 아니라 정신으로 파악되는 단일성 그 자체에서 비롯된 것이다.

아름다움의 이성적 근거를 향해

이렇게 해서 우리가 비례와 균형이 맞는 건축물을 보고 느끼는

---

20 *De vera religione*, 30. 54~56; 34. 64.

즐거움을 실마리로 해 시작된 논의는 정신적 단일성이라는 개념에 도달하게 된다. 조화harmonia, 비례proportio, 균형aequilitas, 일치convenientia 같은 것들은 물체 안에서 (불완전하게) 실현된 단일성을 나타내는 개념이다. 우리가 각 부분이 비례에 맞고 서로 조화를 이루는 물체에서 미적인 즐거움을 느끼는 근본적인 이유는 비례와 조화라는 것이 단일성의 흔적이기 때문이다. 아름다운 물체가 아름다운 이유는 그 물체가 어렴풋이나마 일말의 단일성을 품고 있기 때문이다. 말하자면 사물은 어떤 방식으로든 하나이기 때문에 아름답다.

아우구스티누스에 따르면, 단일성과 그것에서 비롯된 미적 원리들은 감각으로 지각되는 것이 아니라 이성으로 파악된다.[21] 예컨대 창문의 대칭적 배열과 그 크기의 비율은 그 자체가 이성적으로 계산된 것이다. 물론 거기서 비롯된 건축물의 일치를 인간은 감각눈을 통해 인식하지만 문제는 감각이 사물의 일치를 알아볼 수 있는 이유다. 아우구스티누스에 따르면, 그 이유는 감각 자체도 일종의 이성ratio이라는 사실에 있다. 감각에는 이성의 흔적이 있다.[22] 그리고 모든 예술에는 변하지 않는 법lex이 있다.[23]

이렇게 해서 아우구스티누스는 미적 즐거움이 감각의 소관이 아니라 정신의 소관이라는 결론에 도달한다. 그는 물체의 감각적인 아름다움에서 탐구를 시작했다. 이는 그 자체로는 저급한 즐거움을 줄 뿐이다. 아우구스티누스는 이 점을 너무나 잘 알기에, 『고백록』에서 감각의 여러 즐거움을 면밀하게 분석하고 비판했던 것이다.[24] 예술가하느님와 예술법보다 예술작품피조물을 더 사랑하는 것은

---

21 *De vera religione*, 30. 56; *De ordine* II, 11. 34.
22 *De ordine* II, 11. 33.
23 *De vera religione*, 30. 56.; 31. 57.
24 *Confessiones* X, 31~35; *De vera religione*, 33. 61.

영혼의 오류이자 죄^{peccatum}다.[25] 다른 한편 감각적 즐거움은 그 감각적 즐거움의 원리를 찾는 사람에게 이성을 연마하는 통로가 될 수도 있다. 『질서론』에서 아우구스티누스가 설명하듯이, 즐거움의 성실한 탐구자는 아름다운 음악을 듣거나 아름다운 형태를 보는 즐거움에서 대수학과 천문학을 공부하는 즐거움으로 나아간다.[26] 감각적 즐거움은 해독제를 숨기고 있는 독이다. 감각적 즐거움에 몰입해 정신적 삶으로 나아가지 못하는 사람에게 그 즐거움은 독일뿐이지만, 예민한 관찰자는 그 즐거움 안에서 이성의 암호를 감지해낼 것이다.

그 암호를 푸는 것은 정신적 즐거움이다. 참된 미적 즐거움은 바로 이러한 정신적 즐거움에 속한다. 그 정신적 즐거움은 과연 어떤 것인가. 이를 알기 위해서는 이성이 무엇을 사랑하는지 물어야 한다. 아우구스티누스에 따르면, 이성이 사랑하는 것은 '하나'^{一者}다. 모든 사물은 어떤 단일성을 지니는 한에서, 다시 말해 하나인 한에서 존재하며 또 아름다운데, 이는 각각의 사물이 '단일성 자체인 것', 곧 '하나'를 분유한다는 뜻이다. 아우구스티누스는 여기서 기본적으로 플로티노스의 유산을 이어받고 있다. 플로티노스와 아우구스티누스에게 '하나'는 단순히 수적인 단위가 아니라, 존재의 단순성과 완전성을 나타내는 개념이다.[27] 아우구스티누스는 '하나'를 최고의 아름다움, 곧 "그것을 모방함으로써 사물들이 아름다워지는 그리고 그것과 비교하면 그 밖의 다른 것들은 추할 따름인"[28] 그런 아름다움으로 간주한다. 이성을 가진 영혼은 바로 이것, 곧 "최고로

25 *De vera religione*, 36. 66.
26 *De ordine* II, 14. 39~15. 43.
27 김율, 『서양고대미학사강의』, 한길사, 2010,
    322~327쪽.
28 *De ordine* II, 19. 51.

하나인 것"[29]quod summe unum est에 닿으려 하며, 이것을 알아보는 일이야말로 영혼이 누릴 수 있는 최고의 미적 경험이자 행복이다.

우리는 다시 한번 아우구스티누스 미학의 그리스도교적 성격에 주목해야 한다. 그는 플로티노스의 일자 개념을 받아들이되 여기에 뚜렷한 그리스도교적 함의를 덧붙인다. 아우구스티누스는 『참된 종교』에서 '하나'를 성부 하느님에게 적용하고, 일자의 완전한 유사성이자 빛인 '진리'를 성부에게서 나온 성자에게 적용한다. 플로티노스에게 하나는 존재와 가지성可知性 너머의 좋음 자체였고, 거기에서 유출된 첫째의 것이 정신이요 아름다움 자체였다. 하나와 정신이라는 플로티노스의 구별은 아우구스티누스에게 이르러 성부와 성자라는 그리스도교 교의학의 위격적 구별로 계승된다.[30] 이로써 아름다움의 원리인 하나에 대한 이성의 사랑은 인격적 실체에 대한 사랑의 성격을 띠게 된다. 최고의 아름다움을 관상한다는 것, 그것은 그리스도교가 가르치는 인격적 사랑을 한다는 뜻이다.

지금까지 설명한 것처럼 아우구스티누스는 감각적 아름다움에 고립되지 않고 감각적 아름다움의 이성적 근거를 향해 나아가라고 가르쳤다. 그것으로 나아가는 길은 플라톤이 『향연』에서 가르친 아름다움의 이데아를 향해 상승하는 길만큼 체계적이지는 않으나 근본적인 방향은 같다. 단, 아우구스티누스는 위로 올라가기 위해서는 일단 자기 자신 안으로 들어가야 한다고 가르친다. 저 유명한 "밖으로 나가지 말라, 너 자신 안으로 돌아가라!"Noli foras ire, in te ipsum redi라는 내적 성찰의 금언은, 즐거움을 주는 '최고의 일치'summa convenientia를

---

29 *De vera religione*, 34. 63.
30 *De vera religione*, 31. 57; 36. 66.

15세기 중반 이탈리아,
페라라(Ferrara)에서 제작된 성가집에
실려 있는 삼위일체 도상.

인식하기 위한 미학적 탐구의 방법론이기도 했다.[31] 영혼이 느끼는 온갖 기쁨과 즐거움의 바탕에는 이미 진리가 숨어 있다. 이를 온전히 파악하기 위해서는, 즐거움을 주는 사물의 세계, 곧 '바깥'이 아니라 즐거움을 느끼는 영혼의 내부에서 실마리를 발견해야 한다. 진리를 파악하기 위한 실마리가 과연 무엇이란 말인가.

그것은 사랑하고 궁구하는 나의 영혼 자체다. 내가 진리를 사랑하고 궁구한다는 것은 "이성의 빛"lumen rationis이 나를 비추고 있다는 의미다. 빛이 오는 근원을 바라보기 위해서는 가변적인 나의 본성 자체를 의식하고 그것을 "넘어서야"transcendere 한다.[32] 이것이 변화하는 자가 변화하지 않는 진리를 사랑하는 방법이다.

세상의 모든 아름다움

다시 강조하지만 최고의 아름다움인 진리로 나아가는 길은 정신이 걸어가는 길이다. "참된 균형과 유사성 그리고 참된 첫째 단일성은 육신의 눈이나 감각이 아니라 정신으로 이해해 바라보는 것이다."[33] "최고의 아름다움을 관상하도록 만들어진 것은 눈이 아니라 정신이다."[34] 여기서 '정신'mens이라는 말은 '이성'ratio이라고 이해해도 무방하며, 스콜라철학자들이 더 선호했던 용어를 선택하면 '지성'intellectus이라고 이해해도 된다. 이런 의미에서 우리는 아우구스티누스 미학의 뚜렷한 특징을 정신주의나 이성주의 또는 지성중심주의라고 말할 수 있겠다. 물론 이것이 아우구스티누스가 감각적 즐거움이나 예술이 주는 심리적 효과에 아예 관심이 없었다는 것을

31 *De vera religione*, 39. 72.
32 같은 곳.
33 *De vera religione*, 30. 55.
34 *De vera religione*, 33. 62.

의미하지는 않는다. 오히려 그 반대다. 그는 최고의 아름다움인 진리로 나아가는 길의 출발점을 저 풍성하고도 비밀스러운 감각에서 찾았다.

아우구스티누스 미학의 또 다른 중요한 특징은 참된 아름다움은 언제나 부분이 아니라 전체에서 발견된다는 사고다. 아우구스티누스는 이 세계가 전능한 하느님에 의해 "보기 좋게"「창세기」제1장 제30절 창조되었으며 영원한 섭리에 따라 조화롭게 움직이고 있다고 보았다. 또 그에게는 세계를 그렇게 해석해야 할 신학자로서의 사명이 있었다. 그러나 이 세상에는 완전성을 결핍한 사물들, 부서지고 손상된 채로 생겨난 것들, 즉 '덜 된 것들'도 존재한다. 그렇다면 결핍이 바로 악이라는 의미에서 '나쁜 것', 즉 '좋지 않은 것들'이라고 쓸쓸히 불려야 할 수많은 사물은 이 세상의 '선성'善性과 어떤 관계를 맺고 있다는 말인가. 악이라는 개념을 미학의 개념으로 번안하면 추에 다름이 아닐진대, 아우구스티누스 자신이 말했듯이 모든 사물이 최고의 아름다움을 모방해 존재한다면 추한 사물의 존재는 과연 어떻게 설명될 수 있다는 말인가.

아우구스티누스는 인간에게 실존적 고통을 줄 뿐 아니라 철학적으로도 골치 아픈 난제를 던지는 '악의 존재' 앞에서 눈을 감고 이를 모른 척하는 사람이 아니다. 또한 그는 악은 선의 결핍이요, 추는 아름다움의 결핍이라는 개념적인 해명으로 모든 것을 덮어두고 넘어가려는 희랍 형이상학자의 태도에 만족하지도 않는다. 결핍은 왜 존재하는가. 격렬한 찬반의 감정을 불러일으킬 수 있겠지만, 아우구스티누스는 적어도 부분의 모든 추함과 손상은 전체의 아름다움을 위해 '적극적인' 역할을 한다고 대답한다. 아우구스티누스는 악은 왜 존재하느냐는 문제를 다루는 『자유의지론』에서 똑같은 밝기의 별들만 있는 밤하늘보다는 더 밝은 별과 덜 밝은 별이 어우러진 밤하늘이 더 완전하고 아름답다는 예를 든다. 최상의 조화를 위해서는 영롱한 별뿐 아니라 흐릿하고 깜빡이는 별도 있어야 하며, 심지어 그 배경을 이루는 어둠 역시 마땅히 있어야 하리라. 가능한 모든 등급의 완전성을 구현하는 다양한 사물이 존재할 때, 이 세상은 존재론적으로 완전할 뿐 아니라 미학적으로도 최선의 상태가 될 것이다.

이러한 사고는 예술이론의 역사에서 수많은 정당화 논변을 가져올 수 있다. 키케로가 훌륭한 연설은 진술의 대조를 활용해야 한다고 말하면서 예시로 들었듯이, 아름다운 회화는 빛과 그림자의 대조를 활용해야 한다.[35] 아름다움을 상이한 부분들의 균형 있는 배합과 조화로 보는 것은 스토아학파의 관점일 뿐 아니라 부분적으로는 플로티노스 역시 받아들였던 관점이었다. 예술이란 어떤 관계를 만들어내는 일이다. 그렇다면 먼저 의미 있는 관계를 지어줄 만한, 서로 상이한 요소들이 있어야 하지 않겠는가.

"우주 전체가 드러나고 그 일부에 매이지 않는 한에서"

세계 전체의 선성을 옹호하려는 아우구스티누스의 신학적 관심은 예술이론에서 정당화 논변의 사례를 빌려올 뿐 아니라 그 자체로 예술과 아름다움을 바라보는 관점을 형성한다고도 말할 수 있

---

35 Cicero, *De oratione*, 3. 26.

마르쿠스 툴리우스 키케로(Marcus Tullius
Cicero, 기원전 106~43)는 스토아학파
철학자로서, 그가 사용한 수사학적 범주들은
중세미학에도 커다란 영향을 주었다.

다. 미적 판단은 언제나 전체에 대한 것이어야 한다. 우리는 아우구스티누스의 저서 곳곳에서 이를 설명하는 예시를 찾아볼 수 있다. 『음악론』에서 그는 천체의 회전을 영원한 음악으로 간주하면서, 지상의 자연 사물들에서 나타나는 운행과 변화는 그 음악의 일부를 구성한다고 말한다.[36] 이때 개별적인 음표와 쉼표는 그 자체로 미적 가치가 있는 것이 아니라 전체 음악작품 속에서 빛을 발한다. 그러므로 우주 전체와 시간을 창조한 하느님의 섭리를 찾으려 하지 않고 시간 속에 존재하는 개별 사물의 아름다움에만 집착하는 태도는, 전체 음악작품이 아니라 자기가 좋아하는 그 안의 한 음절에 집착해 그것만 영원히 듣고 있겠다는 태도와 다를 바 없다.[37] 장대하고 화려한 건축물의 한 모서리에 세워져 있는 조각상의 미추에 대해서만 논하는 것이 무슨 의미가 있겠는가. 조각상은 건축물의 일부다.[38]

건축물을 판단할 때 그것의 한 구석만 볼 것이 아니요, 사람을 판단할 때 아름다운 머리카락만 따질 것도 아니다. 좋은 연설가를 판단할 때 손가락의 동작만 따질 것이 아니고, 달의 운행을 판단할 때 초사흗날 모양만 볼 것도 아니다. 정지 상태에서든 운동하는 상태에서든, 부분으로서 불완전하기에 저급한 저 사물들도 전체로서는 완전하니, 만일 올바로 판단하기를 원한다면 우리는 그것들을 전체로서 관찰해야 한다.[39]

---

36 *De musica* VI. 11. 29.
37 *De vera religione*, 22. 43.
38 *De musica* VI. 11. 30.
39 *De vera religione*, 40. 76.

이 점에서 아우구스티누스는 미적 판단을 단순한 진리 판단과 구별하고 있는 것처럼 보인다. 그의 말을 빌리면, 전체에 대해 판단하든 부분에 대해 판단하든 그 판단은—허위가 아니기만 한다면—참된 판단일 수 있지만 "참된 판단을 하되 우주 전체가 드러나고 그 일부에 매이지 않는 한에서" 그 참된 판단은 아름다운 판단일 수 있다.[40] 물론 이런 미적 판단을 내리는 일은 우리에게 결코 쉽지 않다. 인간은 장구한 시대의 한 찰나를 살아가는 운명을 타고 났으며, 이길 수도 있고 질 수도 있는 경주의 참가자와 같다. 큰 그림이나 오페라를 감상하기 위해서도 전체의 구조와 조화를 읽어내는 훈련이 필요할진대, 이와는 비교도 할 수 없을 정도로 거대한 이 세상의 아름다움과 좋음을 이해하려면 한낱 미물처럼 유한한 인간에게 얼마나 큰 "수고"labor가 필요하겠는가.[41] 더구나 우리가 경주에서 패하는 역할을 맡고 있을 경우, 경주 자체의 좋음을 파악하기란 얼마나 어려운 일이겠는가. 아우구스티누스는 아름다움을 파악한다는 것, 특히 이 세상의 아름다움을 느낀다는 것은 일종의 도전이자 고전苦戰이라는 것을 잘 알고 있다. 인생이라는 축제의 경주Agonium에서 실존적 패배를 겪고 그 패배를 긍정하는 역설을 견뎌낸 사람만이 한 예술작품에서 보편적 아름다움을 읽어낼 수 있으리라.

세상 만물 가운데 유일한 추와 악은, 우리가 통상적으로 보기 싫다거나 나쁘다고 생각하는 그 개별 사물이나 사건이 아니라 지고의 가치에서 멀어져 자기도 모르게 개별 사물에만 집착하는 우리 자신의 습성이다. 아우구스티누스는 이처럼 애초에 악이 아닌 것을 악

---

40 *De vera religione*, 40. 76; O. Bychkov, *Aesthetic Revelation*, p.231.

41 *De vera religione*, 22. 43; 40.76.

중세 세밀화에서 표현된 괴물의 이미지들.

예수와 악마를 표현한 12세기 세밀화.
1170년경 독일 힐데스하임(Hildesheim)
에서 제작된 것으로 추정.
중세미학은 추와 악의 적극적 실재성을
인정하지 않으며,
세계의 완전성에 복속되고 포함되는
불완전하고 부차적인 존재로 이해한다.

하다고 보는 인간의 이 습성을 "죄의 예속"servitus sub peccato [42]이라고 부른다. 이로써 아우구스티누스가 말하려는 것은 인간 본성에 대한 비관이 아니다. 판단의 대상에 제 위치를 돌려주는 "정의로 인한 자유"libertas a iustitia[43]는 인간에게 세상의 모든 아름다움을 긍정할 수 있게 한다. 아우구스티누스에게서 우리가 발견하는 것은 일종의 '미학적 낙관주의'라고 부를 수 있는 세계관이다.

공간과 시간의 어느 부분에서 즐거움을 주는 것이 있다면, 그것이 부분으로서 모여 있는 전체가 더 훌륭한 것임을 이해할 일이다. 그리고 부분에서 마음에 거슬리는 것이 있다면, 그것이 부분으로서 놀랍게 조화를 이루고 있는 전체를 보지 못하기 때문에 그럴 뿐이라는 것을 배운 사람은 통찰할 수 있다. 더 가지적인 참된 세계에서는 그 어떤 부분도 전체와 마찬가지로 아름답고 완전할 것이다.[44]

아우구스티누스의 낙관주의는 불행과 고통에 제대로 연루되지 않은 자가 섣부르게 말하곤 하는, 그리하여 듣는 사람에 따라 비난의 대상이 될 수도 있는 '객관적인' 낙관주의가 아니다. 아우구스티누스

---

42 *De vera religione*, 40. 76.

43 같은 곳.

44 *De ordine* II, 19. 51. "……ut quod delectat in parte, sive loci, sive temporis, intellegatur tamen multo esse melius totum cuius illa pars est; et rursus, quod offendit in parte, perspicuum sit homini docto, non ob aliud offendere, nisi quia non videtur totum, cui pars illa mirabiliter congruit: in illo vero mundo intellegibili, quamlibet partem, tamquam totum, pulchram esse atque perfectam."

의 낙관주의는 단순히 모든 사물의 합산인 세계 전체의 아름다움에 대한 긍정일 뿐 아니라 연관 속에서 더 큰 조화를 이루는 세계의 모든 세부적 아름다움에 대한 관찰이자 발견이다. 그리고 종국에는 부분이 곧 전체인 플로티노스적 정신의 세계에 대한 희망이다.

3 아름다움 자체인 창조주

위 디오니시우스 아레오파기타

저작으로서의 인물

「사도행전」 제17장에는 사도 바오로가 아테네의 아레오파고 법정에 머물면서 이교도들과 토론하는 장면이 나온다. 이때 사도 바오로의 말을 듣고 믿음을 갖게 된 재판관 디오니시우스라는 사람의 이름이 제34절에 나오는데 전설에 따르면 이 사람은 갈리아로 전교 여행을 떠나 그곳에 교회 공동체를 세우고 파리의 초대 주교가 된다. 오늘날 프랑스의 수호성인으로 추앙받는 생드니^{Saint-Denis}가 바로 그 사람이라는 것이다. 그런데 중세에는 이 인물에 대한 또 하나의 전설이 있었다. 바로 5세기 후반에서 6세기 초에 희랍어로 작성된 일련의 신학적 저서의 저자가 바로 이 사람이라는 이야기다. 통상적으로 '디오니시우스 저작'^{Corpus Dionysiacum}이라는 이름으로 불리는 이 저서에는『신명론』『신비신학』『천상위계론』『교회위계론』그리고 같은 저자가 쓴 몇 편의 편지가 포함된다. 철학사에서 그리고 특히 미학사에서 그냥 지나칠 수 없을 정도로 중요한 이 저서의 내용을 살펴보기 전에 먼저 저자의 정체에 대해 좀더 알아보기로 하자.

알퀴누스^{Alcuin of York, 735~804}의 제자로서 9세기 전반부에 오랫동안 생드니 수도원장을 역임했던 일두앵^{Hilduin, 775~855년경}은 '디오니시우스 저작'을 손수 라틴어로 번역했으며 자기 수도원 주보성인의 생애에 대해 전기를 쓰기도 했다. 일두앵은 그 전기에서 자신의 수도원에 묻혀 있는 파리의 초대주교, 자신이 번역한 그 저작의 저자 그리고 「사도행전」에서 언급된 재판관이 모두 동일한 인물이라고 단언했다. 이처럼 세 가지 면에서 거룩한 인물에 바쳐진 수도원이라니, 그 수도원에서 사는 사람들은 얼마나 영광스럽고 복될 것인가. 물론 '디오니시우스 저작'의 저자에 대한 가공의 전승을 일두앵이 처음 만들어낸 것은 아니다. 디오니시우스라는 이름을 빌려다 쓴 것은 다름 아닌 익명의 저자 자신이었다. 시리아의 단성론파 수도공동체에 소속된 인물이었을 것이라는 점 외에, 저자의 정체에 대해 알려진 바는 거의 없다.

그렇다면 그는 왜 자신의 저작에 디오니시우스의 이름을 빌려다 썼을까. 자신의 신분을 숨기려는 겸손함 때문이었는지, 디오니시우스를 너무 존경해서 그랬던 것인지는 알 수 없다. 다만 디오니시우스라는 이름 때문에 이 저작의 영향력이 한층 더 증대되었음은 부인할 수 없는 사실이다. '디오니시우스 저작'은 '아우구스티누스 저작'^{Corpus Augsutinum}과 더불어, 중세 내내 사도적 권위와 거의 다름없는 권위를 인정받았다.[1]

위^僞 디오니시우스는 플라톤과 플로티노스를 공부했고, 특히 프로

---

[1] 전승이 거짓이라는 것을 처음으로 거론한 사람은 아벨라르두스였고—그 때문에 그는 묻혀 지내던 생드니 수도원에서 쫓겨나는 풍파를 겪어야 했다—15세기가 되면 이 전승이 지어낸 것이라는 사실이 일반적으로 받아들여지게 된다.

생드니 성당.
갈리아에 그리스도교를 전한 생드니를
기념해 7세기경 지어졌으며,
프랑스의 국왕들은 관례적으로
이곳에 안장되었다.

위 디오니시우스.
그리스의 호시오스 루카스 수도원(Hosios
Loukas Monastery)에 있는 모자이크로
11세기 초 제작되었다.

클로스Proclos, 412~485에게서 많은 영향을 받은 것으로 보인다. 신플라톤주의는 크게 두 가지 방향으로 나뉘어 전승된다. 먼저 포르피리우스와 빅토리누스를 통해 아우구스티누스로 이어지는 방향이 있다. 다른 방향은 이암블리코스Iámblichos, 245~325년경와 프로클로스를 통해 위 디오니시우스로 이어지는 방향이다. 두 방향 모두에서 플라톤주의는 그리스도교와 내적 갈등을 전혀 일으키지 않는다. 아우구스티누스와 마찬가지로 위 디오니시우스의 저작 또한 부분적으로는 성경주석으로 간주해도 좋을 정도로 성경의 전거를 많이 인용하고 활용한다. 그러나 두 방향이 보여주는 사유의 전반적인 성향 차이를 무시할 수는 없다. 일단 아우구스티누스와 비교해볼 때 위 디오니시우스를 학문적 사변의 대가라고 평가하기는 어려운 것 같다. 위 디오니시우스의 글은 개념의 뚜렷한 일의성, 세련된 논증 등과는 거리가 멀기 때문이다. 그 대신 그는 유비와 상징적 언어의 대가다. 특히 문헌적 기원으로 따지면 이교도 희랍인들의 자산이었던 '빛'이라는 상징에 뚜렷하게 그리스도교적 내용을 채워 넣은 것은 위 디오니시우스의 공로로 평가된다. 위 디오니시우스의 또 한 가지 뚜렷한 특징은 신비사상과 부정신학이다. 드러나지 않음이 곧 신의 본성이며, 신은 신 자신에게도 알려져 있지 않다는 그의 생각은 아일랜드 출신의 철학자 요한네스 스코투스 에리우게나Johannes Scotus Eriugena, 815~877로 이어지면서 중세 신비사상과 부정신학 전통의 근간을 이루었다.

'디오니시우스 저작'의 내용은 다음과 같다. 15장으로 구성된 『천상위계론』은 그리스도교에서 믿는 천사들의 위계와 역할을 다룬다. 7장으로 구성된 『교회위계론』은 세례·성찬·도유塗油라는 기본 역할에 따라 부제·사제·주교로 구별되는 교회 신분의 의미를 논한다. 13장으로 구성된 『신명론』은 신의 명칭과 본질에 대해 다루는 신론이며, 5장으로 구성된 『신비신학』은 하느님의 인식에 도달하는 길을 압축적으로 제시한 '신 - 인식론'이라고 할 수 있다.[2] 이 밖에도 『상징신학』이라는 또 다른 저서가 인용되고 있지만 이는 이름만 전해질 뿐 남아 있지 않다. 미학에서 중요한 텍스트는 『신명론』이지만, 위 디오니시우스 사상의 기본 구조를 이해하기 위해 먼저 『신비신학』의 내용을 간략히 살펴보도록 하겠다.

하느님을 인식하는 과제

위 디오니시우스의 물음은 일차적으로 다음과 같다. 우리는 하느님을 어떻게 알 수 있으며, 하느님에 대해 어떤 진술을 할 수 있는가. 그의 사유에 더 가까이 다가가면, 그의 질문이 더 정확하게 드러난다. 위 디오니시우스의 질문은 우리가 하느님을 인식할 수 있는 가능성과 방법에 대한 것이라기보다는 하느님 자신에게 본래적으로 속하는 인식가능성과 진술가능성에 대한 것이다. 하느님 자신은 과연 어떻게 인식될 수 있는 분인가. 그는 과연 진술될 수 있는 분인가.

이에 대한 위 디오니시우스의 사유는 두 측면을 지닌다. 첫째, 하느님은 좋음 자체다. 따라서 하느님은 모든 사물의 원인으로서, 사

---

2 『신비신학』은 14세기에 『무지의 구름』을 쓴 익명의
저자가 번역해 영국 신비주의 전통을 일으켰다.

천사의 아홉 위계를 묘사한 세밀화.
위 디오니시우스에 따르면 천사의
위계는 치품천사(熾品天使, Seraphim),
지품천사(智品天使, Cherubim),
좌품천사(座品天使, Thronus),
주품천사(主品天使, Dominatio),
능품천사(能品天使, Virtus), 역품천사(力品天使,
Potestas), 권품천사(權品天使, Principatus),
대천사(大天使, Archiangelus), 천사(天使,
Angelus)로 구성된다.

물과 함께 존재하며 사물의 존재를 지탱해주는 분이다. 둘째, 하느님은 너무나 완전하고 너무나 단일한 분이어서, 존재자의 피안에 있을 뿐이다. 그렇다면 우리는 하느님이 세계의 원인으로서 세계와 내재적 관계를 맺고 있다는 사실과 하느님이 절대적 초월자라는 사실을 어떻게 함께 사유할 수 있을까. 우리 인간은 하느님의 인식에 어떻게 도달할 수 있는가. 위 디오니시우스는 이 세계의 사물들에 대한 인식이라는 유비적 매개를 통해 사물 전체의 원인으로 상승할 수 있는 가능성을 꾸준히 탐색하지만, 동시에 하느님이 인간의 지성으로는 원천적으로 사유될 수 없는 대상이라는 것을 인정한다. 하느님은 존재자의 원인이라는 점에서 존재자일 뿐, 존재자 전체를 넘어서 있는 '존재자가 아닌 분'이다. 하느님이 존재자를 넘어서 있다는 말은 하느님이 단순히 존재하지 않는다는 의미가 아니라 있음과 있지 않음의 대립을 넘어서 있다는 뜻이다. 하느님은 논리적 판단의 형식을 넘어서 있다.

이에 따라 위 디오니시우스는 하느님에 대한 진술의 단계를 세 가지로 구분한다. 첫 번째 단계는 하느님의 계시인 성경에 나와 있는 하느님에 대한 여러 진술에 근거하는 것이다. 이를 긍정신학 kataphatike theologia이라고 부른다. 여기서 하느님은 우리에게 알려져 있는 가치들의 최상급 형태로 진술된다. 즉 '하느님은 가장 지혜로운 분이고 가장 선한 분이다' 같은 식으로 진술된다. 그러나 이런 방식의 진술은 존재자를 넘어서 있는 하느님을 온전하게 표현할 수 없다. 따라서 더 높은 단계의 진술로 나아가야 한다. 바로 그것이 진술의 두 번째 단계인 부정신학$^{\text{apophatike theologia}}$이다. 하느님은 인식할 수 없는 분, 말할 수 없는 분이다. 여기서 최상급은 부정으로 대체된다. 이를테면 '하느님은 최고의 지혜다'라고 말하는 것보다 '하느님은 지혜가 아니다'라고 말하는 것이 더 옳고, '하느님은 가장 큰 사랑이다'라고 말하는 것보다 '하느님은 사랑이 아니다'라고 말하는 것이 진실에 더 가깝다. 우리가 사용하는 '지혜'나 '사랑' 같은 개념은 결국 인간적 표상의 산물일 수밖에 없기 때문이다. 언어 자체가 피조물의 것 아닌가.

그러나 단순한 부정의 길 역시 충분하지는 않다. 하느님은 단지 인식될 수 없는 분이 아니라 인식될 수 없음 이상^{hyperagnostos}인 분이다. 따라서 하느님에 대한 인식은 단순한 부정을 넘어서야 한다. 하느님의 인식가능성에 대한 부정은 그 자체로 사태의 진리에 합당한 것이지만, 그 부정은 단순한 불가지론이 아니라 '지성을 넘어서는 또 다른 인식'을 뜻한다. 이 인식의 길, 탁월한 길$^{\text{via eminentiae}}$이라고도 불리는 이 길은 여전히 일종의 인식이라고 할 수는 있으나, 동시에 신비한 인식의 어둠으로 들어서는 길, 탈아$^{\text{ek-stasis}}$의 경지로 들어서는 길이다. 『신비신학』에서 위 디오니시우스가 동료 티모테우스에게 다음과 같이 말할 때 그가 권유하고 있는 것이 바로 이 길이다.

친애하는 티모테우스여, 그대가 신비적 관상을 추구한다면, 감각적 지각과 사유 행위를, 모든 감각 대상과 사유의 대상을 그리고 모든 비존재자와 존재자를 떠나라. 그리고 그대가 할 수 있는 한, 모든 존재와 지식을 넘어서 있는 하느님과 인식 없이 하나가 되도록 노력하라. 그대가 모든 것을 떨쳐버리고 모든 것에서 자유로워질 때 그대는 그대 자신과 모든 것에서 해방되어 순수하고 절대적인 탈아의 경지에 빠져들 것이고, 그럼으로써 그대는 신적 어둠의 초실체적 광채 속으로 높이 들어 올려질 것이니.[3]

이런 경지가 어떻게 가능할까? 이와 관련해 두 가지 요점을 지적할 필요가 있다. 첫째, 위 디오니시우스가 추구하는 것은 종교적·신비적 체험이라기보다는 최고 원인의 완전한 타자성에 대한 지성적 통찰이다. 그는 인식의 단계와 인식을 부정하는 단계를 거침으로써 하느님의 '다른 존재 방식'을 인식할 수 있다는 변증법적 사고 과정을 구상한다. 시리아의 수도승으로서 위 디오니시우스가 평생을 종교적 수행에 매진했으리라는 것에는 의심의 여지가 없다. 그러나 그의 텍스트에 단순한 수행의 이론이 아니라 하느님과 하느님 인식에 대한 철학적 사변이 담겨 있다는 사실을 잊어서는 안 된다. 둘째, 위 디오니시우스는 하느님 인식을 인간이 주도하는 인간적 인식의 성취가 아니라 하느님의 재량으로 파악한다. "기도를 통해 신성과 선한 광채의 정수로 우리 자신을 고양하자. 하늘 높은 곳에서 빛나는 띠가 드리워져 여기까지 닿아 있고, 우리가 그것을 이 손과 저 손으로 번갈아 움켜쥐어 그것을 당긴다고 해보자. 그러나 실제로는 우리가 그것을 끌어당기는 것이 아니라 위를 향해서도 있고 아래를

---

3 *De mystica theologia*, 1. 1.
4 *De divinis nominibus*, 3, 1. "Nos igitur
   ipsos orationibus extendamus ad divinorum
   et bonorum radiorum altiorem respectum.
   Sicut si multi luminis catena ex caelesti

향해서도 있는 띠가 우리를 높고 빛나는 광채를 향해 끌고 올라가는 것이다."[4] 텍스트 도처에서 강조되듯이 계시의 빛에 대한 믿음과 기도는 인식의 규제적 원리로 기능한다.

선, 빛, 아름다움

위 디오니시우스에게 '미학자 교부'라는 별칭을 가져다준 『신명론』을 살펴보자. 『신명론』은 제목 그대로 우리가 하느님에게 어떤 이름을 부여할 수 있는지를 다룬다. 하느님의 이름은 세계에 대한 하느님의 원인성을 표시한다. 하느님의 이름에 대한 설명은 『신명론』 제4장에서부터 시작된다. 하느님의 이름에는 엄격한 순서가 있다. 그 순서는 선善, 빛, 아름다움, 사랑, 존재, 생명, 지혜다. 미학사 연구의 관점에서 주목해야 할 것은 선, 빛, 아름다움, 사랑에 대한 논의다. 이것들 모두 『신명론』 제4장에 나온다.

위 디오니시우스가 하느님에게 붙이는 첫째 이름은 선이다. 선은 존재자보다도 앞서는 하느님의 시초적인 이름이다. 선의 우위성은 위 디오니시우스가 신플라톤주의 전통에 속해 있음을 보여주는 뚜렷한 증거다. 그러나 이것은 플로티노스의 영향일 뿐 아니라 독자적인 성경 주석의 결과이기도 하다. "성경 저자들은 매우 특별한 의

summitate pendente, ad anteriora autem descendente semper ipsam mutatis manibus ad anterius capientes trahere quidem ipsam seorsum videremur, revera autem non deponeremus illam et sursum et deorsum praesentem, sed nos ipsi sursum ageremur ad altiores multorum luminis radiorum splendores."
여기서 인용하는 『신명론』의 라틴어 텍스트는 12세기에 활동한 요한네스 사라체누스(Johannes Sarracenus)가 번역한 것으로, 쾰른판 알베르투스 전집 제37권 『신명론주해』에 실려 있다.

천지창조 첫날 빛과 어둠을 나누는 하느님을 그린 세밀화.
중세 필사본 『로제 이야기』(*Histoire Roger*)에
실려 있다. 파리국립도서관 소장.

미에서 선을 초월적 신성에 귀속시켰다."[5]

선이란 무엇인가. 뜻밖의 말로 들릴지 모르지만, 선이란 그것에 대해 이러한 형식으로 질문을 던지는 것 자체가 무의미한 어떤 것이다. 선이란 경계의 원천이되 그 자체는 경계를 갖는 것이 아니기 때문이다. 일단은 우주의 만물, 곧 존재자 일반을 그 본연의 질서 속에서 존재하게 하는 원인이 바로 선이라고 말해두자. 위 디오니시우스는 비소멸적인 천사에서부터 인간적 영혼, 생물 그리고 "혼이 없고 살아 있지 않은 모든 실체까지도 선 때문에 존재하며 선 때문에 실체적 상태habitus substantialis를 얻는다"[6]라고 말한다. 그가 말하는 선은 플로티노스의 '하나'일자로 바꿔 이해해도 크게 무리가 없거니와 이 개념은 존재자 일반에 대해 대단히 예리한 초월성과 불연속성을 지니고 있다. 어떤 의미에서 그러한가. 먼저 선은 존재자 전체의 원인이면서 동시에 그 자체로는 결코 존재자가 아니다. 위 디오니시우스의 말을 빌리면, "선은 모든 실존자 위에 있거니와, 만일 그렇다면 선은 형상이 없으면서 [실존자에게] 형상을 부여한다."[7] 존재자가 아니면서 존재자의 원인이라는 이런 의미에서, 선은 실체를 뛰어넘는 비실존자, 생명을 뛰어넘는 살아 있지 않은 자, 탁월한 지혜이면서 정신을 결여한 자sine mente existens라고 진술된다. 한편 선은 존재자 전체의 원인일 뿐 아니라 어떤 의미에서는 비존재자의 원인이기도 하다. 위 디오니시우스는 비존재자 또한 선을 바라고 선 안에서 존

5 *De divinis nominibus*, 4. 1.

6 *De divinis nominibus*, 4. 4. "Et quaecumque inanimata et non-vivens substantia propter bonum est et propter ipsum substantialem obtinuit habitum."

7 *De divinis nominibus*, 4. 4. "Si autem et super omnia existentia est, sicut quidem est, bonum et carens forma format (…)"

재하기를 추구한다고 말한다. 선 자체가 모든 것의 부정을 통해 비로소 설정되는 '초실체'[hyperousia, supersubstantiale]라면, 형상을 지닌 것만이 선을 추구한다고 말해야 할 이유가 없기 때문이다.

다시 한번 말하지만 초실체로서의 선은 존재자와 비존재자의 구별 자체를 넘어서 있는 어떤 것이다. 이는 이 구별을 근간으로 하는 인간의 사고 수준에서 선이 도저히 접근할 수 없는 어떤 것으로 남는다는 사실을 암시한다. 그것은 "사유를 넘어서 있기에 그 어떤 사유 행위로도 사유해낼 수 없고, 말을 넘어서 있기에 그 어떤 말로도 표현할 수 없다."[8] 하지만 위 디오니시우스는 단순히 선 자체의 사유 불가능성을 설명하는 것으로 만족하지 않는다. 즉 그는 선이 그 자체로서는 온전히 알려지지 않는 원형이지만, 그것의 모상[模像, imago]을 통해 알려질 수 있다고 말한다. 선의 직접적 효과로서의 선의 모상, 바로 이것이 그가 신에게 붙이는 두 번째 이름, 곧 '빛'의 의미다.

그는 빛을 설명하기 위해 무엇보다 먼저 태양에 주목한다. 우리가 보는 태양이 나름의 방식으로 빛을 받을 수 있는 모든 자연 사물을 조명하듯이, 선은 모든 존재자에게 선성[善性, bonitas]의 광선을 보낸다. 위 디오니시우스에게 태양은 단순히 비유적 설명을 위한 도구가 아니라 그 자체가 선의 '희미한'[obscura] 그리고 '명백하게 드러난'[manifesta] 모상이다.[9] 즉 그것은 원형인 선과 절대적으로 갈라져 있다는 점에서는 희미한 모상이지만, 그 찬란함이 탁월하고 위대해

---

8 *De divinis nominibus*, 4. 4. "······et omnibus
    deliberationibus est indeliberabile, quod est
    super deliberationem, et ineffabile verbo omni,
    quod est super verbum······"

9 *De divinis nominibus*, 4. 4. "bonum, super
    solem, sicut super obscuram imaginem
    segregate archetypum······ita quidem et divinae
    bonitatis manifesta imago, magnus iste et totus
    splendens et semper lucens sol······"

그것이 닿지 않는 어떠한 가시적 사물도 존재하지 않는다는 점에서는 명백하게 드러난 모상이다.

그러나 눈에 보이는 저 태양은 선의 빛을 단지 '자연 세계'에 전파해주는 근원일 뿐이다. 빛에는 어두운 사물을 비춰주는 가시적인 빛도 있으나 천사와 인간 영혼을 조명해주는 빛, 곧 가지적^{可知的}인 빛도 있다. 위 디오니시우스가 빛을 선과 동일한 신의 이름으로 말할 때, 그가 실상 염두에 두는 것은 정신의 눈이 보게 하고 또 정신의 눈에 보이는 빛, 바로 그것이다. 신은 가지적 빛으로써 천상의 정신을 채우고 온갖 무지와 오류를 벗겨내준다. 또 영혼의 눈에서 무지의 불순물을 닦아줄 뿐 아니라 어둠의 중압에 눌려 감겨 있는 그 눈을 뜨게 해준다. 이런 의미에서 하느님, 곧 "선은, 광선의 샘이자 빛의 넘치는 발산이라는 의미에서, 모든 빛 위에 있는 가지적인 빛이라고 불리는 것이다."[10]

선과 빛 다음으로 하느님에게 귀속되는 이름은 바로 아름다움이다. 아름다움에 대한 고찰은 다음과 같은 말로 시작된다. "성경 기자는 선을 아름다운 것, 아름다움 자체, 사랑, 사랑받는 이로 칭송한다."[11] 위 디오니시우스는 이에 관한 성경 구절을 명시적으로 지적하지는 않지만, 중세 주해 전통에서 이 텍스트는 주로 「아가」 제1장 제15절과 연결되어 이해된다. "정녕 그대는 아름답구려, 나의 애인이여, 나의 애인이여. 정녕 그대는 아름답구려, 당신의 두 눈은 비둘기라오."

중세 주해자들이 주목했던 성경 구절에서 알 수 있듯이, 아름다

---

10 *De divinis nominibus*, 4. 4. "Igitur lumen intelligibile dicitur, quod est super omne lumen bonum, sicut radius fontanus et supermanans luminis effusio……"

11 *De divinis nominibus*, 4. 7.

움은 자연스럽게 사랑을 불러일으킨다. 그런데 여기서 위 디오니우스는 성경을 인용하는 쪽보다는 플라톤을 인용하는 편을 택한다. 인용하는 문헌의 제목을 명시적으로 언급하지는 않지만 미학자 교부는 『향연』에서 아름다움의 이데아에 대해 서술하는 부분을 거의 축어적으로 옮겨놓고 있다.[12] 아름다움 자체는 시간·장소·관점에 따라 아름답기도 하고 아름답지 않기도 한 그런 것이 결코 아니다. 아름다움 자체는 모든 아름다운 것들로 분유됨으로써 그 아름다운 것들을 비로소 아름답게 해주는 그런 것이다. 곧 아름다움^{pulchritudo}은 분유되는 것, 즉 분유의 대상이고, 아름다운 것^{pulchrum}은 분유하는 것, 즉 분유의 주체다. 가변적인 피조물의 아름다움을 있는 그대로 이해하기 위해서는 이 구별이 의미하는 바를 뚜렷이 숙지해야 한다. 피조물에서 분유의 대상과 주체는 분명히 구별되기 때문이다. 그러나 창조주에 대해 말할 때는 이러한 구별이 별 의미가 없다. 그분은 아름다움 자체이자 또한 스스로 '아름다운 것'이기도 하니까 말이다.

"아름다움은 선과 동일하다"

그렇다면 아름다움이란 어떤 것인가. 아름다움에 대한 위 디오니시우스의 사상은 세 측면으로 요약할 수 있다. 첫째, 아름다움은 사물 안에 조화와 밝음을 존재하게 하는 원인이다. 이는 아름다움이 빛의 다른 이름이라는 점을 암시한다. 빛이 다른 사물에게 빛살^{광선}을 보냄으로써 그 사물을 빛나게 하는 것처럼, 아름다움은 자신을

---

12 *Symposium*, 211a~b.

분유하는 사물이 조화롭고 밝게 존재할 수 있도록 한다. 아름답다는 것은 내적인 조화와 밝음선명함을 지닌다는 것을 뜻한다. 이런 의미에서 아름다운 개별 사물들이 존재한다는 것은, 그 사물들이 아름다움 안에서 일치를 이룬다는 것을 뜻한다. 그런 의미에서 아름다움은 만물을 연결해 하나로 만든다.

둘째, 아름다움은 선과 동일하다. 위 디오니시우스만큼 아름다움과 선의 동일성을 강조하는 사람은 없다. 그는 '아름다움과 선' pulchrum et bonum이라는 표현을 하나의 개념처럼 반복적으로 사용한다. 이 표현을 '미선'美善이라고 옮겨보자. 이것은 아름다움과 좋음을 연결시켰던 희랍 고전시대의 'kalokagathia'라는 표현을 연상시킨다. 그러나 주로 군사적 용맹이나 연설에서의 탁월성에 적용되었던 희랍어 'kalokagathia'와는 달리, 위 디오니시우스의 '미선'에는 존재론적인 의미가 함축되어 있다. 즉 그에 따르면, 미선은 모든 척도mensura, 조화harmonia, 질quale, 양quantum, 수효quotum, 무한infinitum, 관계comparatio, 구별discretio, 한계finis, 한정diffinitio, 질서ordo, 과잉excessus, 요소elementa, 형상forma, 실체substantia, 능력virtus, 활동operatio, 습성habitus, 감각sensus, 말verbum, 접촉tactus, 앎scientia, 일치unitio의 원천이거니와 "단적으로 말해 모든 존재자는 미선에서 나오고 미선 안에 존재하며 미선으로 돌아간다. 그리고 존재하고 생성되는 모든 것은 미선 때문에 존재하고 생성된다."[13]

선으로서의 아름다움은 존재의 원인인 하느님이다. 아름다움은 세 가지 의미에서 모든 것의 원인이다. 즉 아름다움은 작용인이기

---

13 *De divinis nominibus*, 4. 10. "Et simpliciter omne existenx ex pulchro et bono et in puchro et bono est et ad phulchrum et bonum convertitur."

때문에 모든 것의 시초이며; 모든 것은 아름다움을 위해 존재하기 때문에 모든 것의 끝이자 목적인이다. 또한 모든 것이 아름다움에 따라 규정되어 있기 때문에 모든 것의 범형인範型因, causa exemplaris이다.[14] 그뿐만 아니라 아름다움은—선 역시 그러하다고 앞서 설명했 듯이—존재를 앞서는 것, 엄격히 말해 존재와 비존재의 구별을 넘어서는 것이다. 따라서 그것은 존재자의 원인일 뿐 아니라 비존재자의 원인이기도 하다. 이 말은 존재자뿐 아니라 비존재자 역시 선하고 아름답다는 뜻이다. 위 디오니시우스의 말을 인용해보자.

아름다움은 선과 동일하다. 만물은 모든 원인에서 아름다움과 선을 바라기 때문이며, 또 존재자 중에 아름다움과 선을 분유하지 않은 것이라고는 아무것도 없기 때문이다. 심지어 다음과 같이 말할 수도 있으리라. 비존재자 또한 아름다움과 선을 분유한다고 말이다. 하느님 안에서 모든 것의 부정을 통해 초실체적으로 칭송될 때 비존재자는 아름답고 선하기 때문이다.[15]

존재자는 처음principium, 연속continentia, 끝finis, 이 셋 가운데 하나다. 그러나 아름다움과 선은 이것들의 원인이되 이것들을 넘어서는 것이다. 한갓 처음이 어떻게 처음을 만들어낼 수 있겠으며, 한 갓 끝이 어떻게 끝을 만들어낼 수 있겠는가. 따라서 처음과 끝을 만

---

14 *De divinis nominibus*, 4. 7.

15 *De divinis nominibus*, 4. 7. "Propter quod et idem est bono pulchrum, quoniam pulchrum et bonum secundum omnem causam cuncta desiderant, et non est aliquid existentium quod non participet pulchro et bono. Audebit autem et hoc diciere sermo, quod et non-existens participat pulchro et bono; tunc enim et ipsum pulchrum et bonum, quando

들어낸 것, 그리하여 연속을 궁극적으로 만들어낸 것은—그 자체로는 처음과 끝^{알파와} 오메가이면서도—처음과 끝^{존재의 한정}에 갇히지 않는 것일 수밖에 없다. 위 디오니시우스의 생각에 따르면, 아름다움이 바로 그런 것이다. 그렇다면 아름다움은 처음과 연속과 끝에 해당하지 않는 것, 즉 존재자 바깥에 있는 비존재자마저도—일종의 부정의 방식으로—존재하게 한다. 다음과 같은 그의 말은 바로 이런 의미로 읽혀야 한다. "모든 비존재는 초실체적으로 미선 안에 있다. 그리고 미선은 만물의 처음과 끝이자 처음을 넘어서는 것^{superprincipale}이고 완성을 넘어서는 것^{superperfectum}이다. 성경의 진술처럼 '만물은 그분에게서 나와 그분을 통해 그분 안에 있으며 그분을 향해 나아가기 때문'이다."[16] 아름다움은 우리가 이해하는 '있음'보다 더 포괄적이고 더 선행적이다.

위 디오니시우스가 말하는 아름다움 개념의 세 번째 요점은 '아름다움은 사랑을 불러일으킨다'라는 것이다. 그가 환기시키듯, 아름

---

in deo secundum omnium ablationem supersubstantialiter laudatur."

16 *De divinis nominibus*, 4. 10. "Et omnia quaecumque sunt et fiunt, propter pulchrum et bonum sunt et fiunt; et ad ipsum omnia inspiciunt et ab ipso moventur et continentur, et ipsius gratia et propter ipsum et in ipso omne principium exemplare, finale, efficiens, formale, elementarium. Et simpliciter omne principium, omnis continentia, omnis finis aut, ut comprehendens dicam, omnia existentia ex prulro et bono; et omnia non-existentia supersubstantialiter in pulchro et bono. Et est omnium principium et finis, superprincipale et superperfectum, 'quoniam ex ipso et per ipsum et in ipso et ad ipsum omnia.'" 「로마서」 11, 36. "과연 만물이 그분에게서 나와, 그분을 통해 그분을 향해 나아갑니다."

유대인과 이교도들에게 설교하는 사도 바오로.
9세기에 제작된 사도 바오로 서간 필사본에
실린 삽화. 상트 갈렌 수도원 도서관 소장.

다움에 해당하는 희랍어 'kallos'는 '부르다'는 뜻과 관계가 있다.[17] 아름다움은 부름이다. 그렇다면 아름다움을 목격한 이들, 부름을 받은 이들은 어떻게 되는가. 그들은 아름다움을 사랑하게 되고 아름다움을 닮으려는 바람을 품게 된다. 그리고 사랑하는 자로서 그들은 하나의 공동체로 모이게 된다. 예컨대 아이들을 부르는 어머니의 목소리를 떠올려보라. 아름다운 목소리를 들은 아이들이 어머니를 사랑하는 마음에 설레며 어머니 앞에 달려와 모여 앉듯이, 위 디오니시우스가 말하는 아름다움에는 사물을 자극하고 통합하는 작용이 포함된다. 아름다움은 부름이자 모음이다. 아름다움의 공동체는 넓고 단단하다.

그뿐만 아니라 아름다움의 부름을 받은 이들은 스스로 아름다워진다. 그 이유를 살펴보자. 아름다움이 불러일으키는 사랑의 대상은 다름 아닌 아름다움 자체다. 그런데 사랑하는 자는 자기 자신이 아니라 사랑의 대상, 즉 사랑받는 자에게 속한다. 이 사태를 이렇게 말할 수 있으리라. 사랑하는 동안, 나는 내가 아니라 내가 사랑하는 그 사람이라고. 위 디오니시우스가 아름다움에 대한 사랑과 아름다움을 닮으려 하는 바람이 탈아$^{ek-stasis,\ extasis}$의 상태를 만들어낸다고 말하는 것도 이 때문이다.[18] 그는 이에 대한 예증으로 사도 바오로를 언급한다. 사도 바오로는 아름다움인 하느님을 사랑해 "정신이 나갔으며" 그래서 "내가 사는 것이 아니라 그리스도께서 내 안에 사시는 것"이라고 선언했다.[19]

17 *De divinis nominibus*, 4, 7. 일반적인 어원학적 분석에 따르면, 'kallos'는 '부르다'(vocare, to call)는 뜻의 'kaleo' 동사에서 파생되었다.

18 *De divinis nominibus*, 4, 13.

19 *De divinis nominibus*, 4, 13;「코린토 신자들에게 보낸 둘째 서간」5, 13;「갈라티아 신자들에게 보낸 서간」2, 20.

이로써 아름다움을 따르는 하느님의 이름이 사랑이라는 사실이 드러난다. 플라톤이 『향연』에서 말했던 아름다움을 향한 에로스는 위 디오니시우스의 『신명론』에서 우주의 무궁한 사랑의 운동을 일으키는 신적 원천이라는 의미로 변형된다. 아름다움으로서의 하느님은 사랑을 받는 대상amabile이기도 하지만, 동시에 자신을 분명하게 드러내고 만물을 자신에게로 들어 올리는 작용자이기도 하다. 하느님은 사랑을 움직이는 존재자이기도 하고 사랑으로 움직여진 존재자이기도 하다.[20] 사랑이 사랑을 움직인다.

20 *De divinis nominibus*, 4, 14.

4 진과 선의 관계로 존재하는 아름다움

토마스 아퀴나스

벙어리 황소와 미학

토마스 아퀴나스^{Thomas Aquinas, 1225~74}는 1224년 또는 1225년에
로마와 나폴리 사이에 있는 아퀴노^{Aquino}라는 소읍에서 지방 성주
의 막내아들로 태어났다. 그가 태어난 로카세카성^城은 베네딕토회
의 대수도원이 있는 몬테카시노와 멀지 않은 곳에 있다. 어린 토마
스는 몬테카시노의 수도원 학교에서 교육을 받다가 10대 초반에
나폴리대학으로 공부하러 가는데, 그곳에서 당시 생긴 지 얼마 되
지 않은 도미니코회의 수사들을 만나 그들의 영성에 매료된다. 그
를 베네딕토회에 입회시켜 고위 성직자로 키우려던 집안의 기대를
뿌리치고 도미니코회에 입회하기 위해 토마스가 불굴의 농성을 했
다는 일화는 유명하다. 그는 결국 자신의 고집대로 도미니코회에
입회했고, 평생을 도미니코^{Dominicus, 1170~1221} 성인의 신실한 제자
로 살았다.

학생 시절 동료들이 그에게 붙여주었다는 별명은—말없이 공부
만 한다고 해서—'벙어리 황소'다. 이 별명에서도 알 수 있지만, 그

는 몸집이 무척 뚱뚱했고 그 몸집에 걸맞게 성격과 생각도 우직했다. 시와 수사학에 재능이 있었고 음악과 연극에 관심이 있었던 아우구스티누스와 달리, 토마스에게 예술적 소양이나 감수성이 있었다는 증거는 전혀 찾을 수 없다. 아우구스티누스와 토마스는 여러 모로 대비된다. 회심 전까지 수많은 여성을 편력했던 아우구스티누스와 달리, 토마스는 평생 여성과 접촉하는 것을 극도로 꺼렸다. 또한 아우구스티누스의 글을 읽어보면 그가 얼마나 예민한 정념 속에서 신을 추구했던 사람인지 느낄 수 있지만, 토마스의 텍스트는 아무리 읽어도 건조하고 냉철한 논변만이 있을 뿐 저자의 개성이라고 느낄 만한 요소는 거의 드러나지 않는다. 심지어 철학적 설명을 하기 위해 예를 들어야 할 때도, 그는 아리스토텔레스에게서 물려받은 몇 가지 판에 박힌 예시 이외에 창의적인 예시를 동원할 줄 몰랐다. 아우구스티누스는 자신의 저서 곳곳에서 어휘를 활용해 말놀이를 했으며 일상에서도 유머를 구사했던 것 같으나, 전승되는 일화에 따르면 토마스에게 유머 감각 따위는 눈곱만큼도 없었던 것 같다. 13세기 수도사라고 해서 다 그랬던 것은 아니고, 토마스의 성향이 특히 그랬던 것 같다. 그가 수련 수사일 때, 하루는 동료 수사들이 공부만 하는 그를 놀려주려고 창밖을 가리키며 "저기 당나귀가 날아간다"라고 소리쳤다고 한다. 책을 읽고 있던 토마스가 창밖으로 고개를 돌려 두리번거리자 수사들은 폭소를 터뜨렸는데 그때 토마스는 정색하며 다음과 같이 말했다. "내 생각에는 거짓말을 하는 수사보다 날아가는 당나귀가 더 현실적으로 존재할

벨라스케스, 「토마스의 유혹」, 1631.
토마스의 도미니코회 입회를 막으려는 가족들이
토마스를 파계시키기 위해
묘령의 소녀를 토마스의 처소에 보냈을 때,
토마스는 불 붙은 장작을 휘둘러
소녀를 쫓아내고 유혹을 이겨냈다고 한다.

법한데." 어쨌든 그가 쓴 끝을 가늠할 수 없는 『신학대전』과 아리스토텔레스 주해서들이, 그의 비현실적 고집이 맺은 놀라운 열매라는 것은 분명하다. 여기서 우리는 별다른 미적 감수성이나 예술적 취미가 없어도 우직하게 공부만 열심히 하면 미학의 역사에 뚜렷한 족적을 남길 수 있다는 점을 알 수 있다.

자, 그렇다면 토마스는 과연 누구인가. 그는 13세기 스콜라철학 융성기를 살았던 도미니코회의 신부다. 그는 13세기 유럽의 학문세계에 흘러들었던 모든 정신적 자양분을 놀랍도록 개방적인 정신으로 수용하고 종합했다. 그가 받아들였던 자양분에는 무엇이 있는가. 바로 그리스도교의 전통적 교부철학과 그 속에 녹아 전승된 신플라톤주의, 12세기 이후 집중적으로 수용된 아리스토텔레스의 작품들, 알가찰리나 아베로에스 같은 아랍철학자들의 사상, 마이모니데스 같은 유대철학자들의 사상이다.

이러한 개방적 수용과 독창적 종합의 결과물로 생겨난 것은 철학사에서 다시는 그 유례를 찾기 힘들 정도로 웅장하고 빈틈없는 사변의 체계였다. 사람들이 토마스의 사상을 '건축술'에 비유하고 그의 방대한 저작들을 '대성당'에 비유하는 것도 이러한 엄밀한 체계성 때문이다. 미술사가 파노프스키는 이를 고딕건축과 스콜라철학이 문화적으로 평행하는 현상이라고 보았다. 그는 토마스의 저작에 나타나는 체계적인 논증 구조를 고딕 건축양식에 조응하는 정신적 대응물로 간주했다. 편·부·장·절·항으로 나뉘는 텍스트의 구조가 기둥 받침의 작은 모서리에서 시작되는 세부 요소들이 빈틈없이 연계되어 위압적인 수직 건축물을 이루는 고딕 양식의 구조와— 동일한 시대적 정신의 상이한 표현물로서—일치한다는 것이다. 아닌 게 아니라, 고딕건축의 후기 대표작인 쾰른 대성당이 착공된 1248년은 토마스가 그의 스승 알베르투스 마그누스^{Albertus Magnus,} ^{1193~1280}를 따라 쾰른에 파견되었을 때다. 그들이 살던 슈톨크 거리^{Stolkgasse}가 쾰른 대성당에서 엎어지면 코 닿을 거리에 있으니, 그들이 그 착공식을 보지 못했을 리 없다.

앞서 언급했지만 토마스는 신학과 철학뿐 아니라 미학의 역사에도 지워지지 않는 발자국을 남긴 인물이다. 물론 그는 아름다움이나 예술이라는 주제가 그 자체로 중요하다고 생각하지도 않았고 이런 주제를 독립적으로 다루지도 않았다. 그가 아름다움이라는 문제를 다룬 이유는 다만 그의 신학 체계에서 이 문제를 생략할 수 없었기 때문이다. 그러나 토마스가 수많은 형이상학적 개념을 엄격하게 분류하고 종합하는 가운데 인식한 아름다움의 개념적 내용은 예술에 대해 더 많은 지식을 쌓고 관심을 품은 사람들이 이러쿵저러쿵 남겨놓은 미학적 이론보다 훨씬 심오하고 명료했다. 이 점에서 브와디스와프 타타르키비치^{Władysław Tatarkiewicz, 1886~1986}는 토마스의 역할을 미학 그 자체 때문에 미학에 관심을 품지는 않았지만 결과적으로 미학의 역사에 크게 공헌했던 칸트의 역할에 비교한다.[1]

우리는 토마스의 여러 저작 속에서 아름다움에 대한 산발적인 언급을 발견할 수 있을 뿐이다. 그 가운데 중요한 텍스트는 『신학대전』 제1부 제5문 제4절 그리고 『신학대전』 제1부 제39문 제8절 그리고

1 W. Tatarkiewicz, *History of Aesthetics* II, p.246 참조할 것.

쾰른 대성당.
1248년 착공되어 1880년 완공되었다.
내부에는 신성로마제국 시대에 이탈리아에서
옮겨온 동방박사 유물함이 안치되어 있다.

『신명론주해』 제4장이다. 이들 텍스트에서 아름다움은 주로 '좋음'선 이나 '형상' 같은 존재론적 개념들과 관련해 해명된다. 토마스의 미학적 관심은 예술이나 아름다운 느낌 같은 개별적인 현상이 아니라 언제나 미의 존재론적 개념 자체를 규명하려는 단순하고 근본적인 과제를 향해 있었다.

실재론의 전통

토마스의 미학에 대해 본격적으로 설명하기 전에, 아름다움의 문제에 접근하는 그의 존재론적 관점이 어떤 것인지 먼저 확인해보자.

한마디로 말하자면 토마스는 아름다움의 실재성^{reality}을 확신하고 있다. 아름다움의 실재성이라는 말은 무슨 뜻인가. 아름다움은 인식하고 욕구하는 인간의 심리적 작용 속에서 비로소 생겨나거나 인간의 관념에 의존해 존재하는 것이 아니라는 뜻이다. 아름다움은 인간의 마음과 실제적으로^{really} 구별되어 존재한다. 실제적으로 구별된다는 말은, 그 구별의 근거가 사물^{res} 안에 있다는 것, 다시 말해 사물과 사물이 구별되는 것과 같은 방식으로 구별된다는 것이다.[2] 물론 스콜라철학에서 실제적 구별이라는 말은 훨씬 포괄적인 의미로 사용되지만 여기서는 마음과 아름다움의 관계에만 이를 적용하기로 하자. 인간의 마음도 그 실체를 놓고 보면 개별적인 사물이고, 아름다움 역시 개별적인 사물로 간주되어야 한다. 그것들은 각자 사물로서의 독립적인 존재성을 지닌다. 그러므로 아름다움은 인간의 마음이 수용하는 것이지 만들어내는 것이 아니다.

2 여기서 사물이라는 말은, 물체적 대상을 가리키는 한국어의 일상적 의미가 아니라, 적극적인 존재성을 지니는 한에서 모든 존재자 각각을 가리키는 스콜라철학적 의미로 이해해야 한다.

아름다움이 인간의 마음과 구분되어 존재하는 어떤 것이라는 토마스의 생각은, 사물의 정신 외적 실재성을 인정하고 그 실재성을 존재론적 탐구의 출발점으로 삼는 '실재론'realism의 전통을 강력하게 반영하고 있다. 만약 어떤 사물이 아름답게 인식되었다면, 그것은 어떤 현실적 사물의 아름다움이 인식과 무관하게 이미 그 자체로 실재하기 때문이다. 코스모스는 코스모스를 바라보는 당신이 없어도 제 혼자서 의미가 충만하게 존재한다. 당신이 아름답다고 느껴서 코스모스가 아름다운 것이 아니라 코스모스가 아름다워서 당신 안에 일종의 즐거움인 '아름다움의 감정'이 생기는 것이다. 토마스가 흄이나 버클리를 읽었더라면 또는 칸트를 읽었더라면 무슨 말을 했을까. 아마 아리스토텔레스나 보에티우스에 대해 썼던 것 같은 주해서를 쓰려고 했을 것 같지는 않다. 그러나 아마 꼼꼼히 읽은 후 다음과 같은 논평을 남겨두기는 했을 것이다. 당신 자신 안에 갇히지 말고 사물들의 질서 속에서 당신 자신을 객관적으로 바라보아야 한다고 말이다.

철학은 어떤 의미에서 세상에 대한 건전한 상식을 정교하고 윤택하게 만드는 것이다. 그리하여 아우구스티누스에게서도 등장했던 사유가 토마스에게서도 또 등장하거니와, "우리가 어떤 것을 사랑하기 때문에 그것이 아름다운 것이 아니라, 그것이 아름답고 선하기 때문에 우리에게 사랑받는 것이다."[3]

---

3 Super *De divinis nominibus*, IV, lect.10, n.439
"non enim ideo aliquid est pulchrum quia nos illud amamus, sed quia est pulchrum et bonum ideo amatur a nobis."

아름다운 것들

헝가리 출신 미학자 프란시스 코바치^{Francis Kovach, 1918~2002}는 토마스 미학에 대한 중요한 연구서에서, 토마스 문헌 연구자들이 좋아할 법한 독특한 시도를 한다. 그는 토마스의 작품을 샅샅이 훑어서 아름다움^{puchrum}이라는 술어의 용례를 조사한다. 그가 작성한 목록에 따르면, 토마스의 텍스트에 나타나는 아름다움이라는 술어의 용례는 몇 가지 부류로 나눌 수 있다.[4] 첫 번째는 자연적 사물들이다. 이는 다시 무생물과 동식물로 나뉜다. 무생물 가운데 아름답다고 불리는 사물로는 "광물" "금" "쇠" "우유"가 있다. 동식물로는 "올리브나무" "야자수" "싹" "약초" "과일" "백합" "들꽃이 핀 풀밭" "목초지" "경작지" "뱀" "새" "독수리" "말" "말갈기" 같은 것이 아름답다고 한다.

두 번째로는 인간에게 속하는 것이 있다. 무엇보다도 "인간"^{homo} 그 자체가 아름답다. 토마스는 개별적 인간뿐 아니라 무리로서의 "백성"^{populus}도 아름답다고 하고, "남성" "여성" "부모" "어린이" "소녀" "처녀" "청년"이 아름답다고 한다. 그리고 인간의 육체에 속하는 것들이 있는데, 예컨대 인간의 "온전한 사지" "얼굴" "눈" "발"이 아름답다. 인간의 정신이나 영혼의 아름다움은 인간적 아름다움의 또 다른 차원이다. "정의" "절제" "믿음" "애덕"^{愛德} 같은 덕들 그리고 "지혜" "정결" "인내" 같은 도덕적 가치가 이에 속한다. 그 밖에 기술적·예술적 생산물도 인간적 아름다움의 목록에 포함될 수 있으리라. 토마스는 "잔"^盞, "길" "주거지" "건축물" "집" "도

---

4 이하의 목록들은 F. Kovach, *Die Ästhetik des Thomas von Aquin*, pp.87 이하를 참조한 것이다.

나무, 풀, 꽃, 동물을 묘사한 중세의 세밀화.
중세 세밀화에서 동식물과 광물은
성경의 우의적·도덕적 메시지를 전달하는
수단으로 사용되기도 했다.

시”“창문”“장난감”“옷”“꽃병”“그림”“조각상”“설교”“언어” “문체”“비유”에 아름답다는 술어를 붙인다.

그다음으로 초자연적인 대상에 속하는 아름다움도 있다. 이것이 아름답다고 불리는 대상들의 세 번째 목록이다. 여기에는 인간의 영혼을 아름답게 만드는 “은총”gratia, [5] 복된 영혼이 누리는 “영광” gloria[6] 그리고 “교회”ecclesia[7]가 있다.

근대철학을 공부한 사람들은 여기서 이렇게 말할 수도 있을 것이다. 토마스의 이러한 용례는 아름다움이라는 말이 비학문적이고 일상적으로 사용되는 것을 보여줄 뿐, 엄격히 말해 아름다움은 대상의 속성이 아니라 내 마음 안의 ‘관념’이나 ‘감정’을 가리킨다고 말이다. 그리고 아마 칸트를 공부한 사람이라면, 아름다움을 나에게 환기되고 내가 판단해야 할 모종의 ‘가치’라고 이해할 것이다. 그러나 토마스의 관점에 선 사람은 이렇게 말할 수 있다. 아름다움은 관념일 수도 있고 가치일 수도 있지만, 엄격히 말해 그런 것을 모두 포함하는 더 보편적인 어떤 것이다. 말하자면 우리는 일체의 관념이나 심적 상태를 포함하는 ‘존재의 질서’에서 아름다움을 바라보아야 한다.

‘존재’있음, esse는 유비적인 것이다. 토마스는 앞서 말한 정의나 지혜 같은 영혼의 습성習性, habitus뿐 아니라, “색채”“소리”“형태” 같은 물리적 속성도 아름답다고 하며, 행복과 같은 활동,[8] 운동, 장소 심지어 양量에 대해서도 아름다움이라는 술어를 사용한다. 이 모든 것은 결국 사물res이라는 말로 불릴 수 있다. 다시 말하지만 여기서 사물이

---

5 *Summa theologiae* II-II, q.152, a.5, ad 1.

6 *Summa theologiae* III, q.54, a.4, ad 2.

7 *In IV Sententiarum* 15, 3, 1, ad 1.

8 행복은 일종의 활동이다.

라는 말은 '존재자'있는 것, ens를 의미한다. 바위덩어리도, 바위덩어리를 구성하는 입자도 사물이며, 인간의 신체도, 신체를 구성하는 세포도, 세포의 활동이나 신호도 사물이다. 인식과 감정 같은 인간의 심적 상태도 사물이며, 인식의 내용, 언어, 해석, 가치, 사회, 제도 같은 것도—그 고유한 존재방식에 따라—사물이다.

그렇다면 아름다움을 단순히 '사물의 속성'이라고 부르는 것에 무슨 의미가 있는가. 이는 사물이라는 명칭 안에 존재하는, 사물 사이의 특수하고 심원한 차이를 무시하는 소치 아닌가. 예컨대 인식하는 사물과 인식하지 못하는 사물의 차이는, 인식하지 못하는 사물 사이의 차이보다 얼마나 더 심원한가. 이러한 질문은 당연히 일리가 있다. 그러나 토마스는 온갖 차이를 포함하는 전체를 먼저 말해야, 개별적인 차이에 대한 의미 있는 설명이 가능하다고 보는 사람이다. 주체와 대상의 차이는 존재자라는 개념에 균열을 일으키지 못한다. 뒤에서 다시 말하겠지만, 아리스토텔레스 이후 '형이상학'이라는 학문의 기획은 '있는 것[存在者]이 도대체 있는 한에서 지니는 속성과 특징들'을 밝히려는 것이었다.[9] 이 유구한 주제는 13세기의 토마스에게 중요했을 뿐 아니라 언제나—형이상학이 탄생하기 전에도, 탈형이상학의 시대라고 불리는 오늘에도—인간에게 결정적인 의미를 지니며, 누구도—예컨대 미학의 역사를 돌아보는 21세기의 우리도—이를 피해갈 수 없다. 그 이유는 무엇인가. 그 이유는 '나' 자신이 존재자에 속하며, '나'의 의문과 관심이 존재자라는 개념에서 출발하기 때문이다. 나 자신이 존재의 질서 속에 편입

9 *Metaphysica IV*, c.1, 1003a21~25.

되어 있을진대, '있음'을 이해하지 못하면 그 어떤 생각인들 제대로 해나갈 수 있겠는가.

다시 코바치가 분류한 목록으로 돌아가자. 그를 따라 아름다운 대상들의 목록들을 일별하다 보면, 우리는 토마스의 또 다른 기본 관점을 알아차릴 수 있다. 즉 토마스는 아우구스티누스나 위 디오니우스처럼, 실재하는 아름다움의 영역이 위계적으로 구분될 수 있다고 생각한다. 토마스는 감각적 아름다움과 정신적 아름다움을 구별하고, 물체의 아름다움과 비물질적인 대상의 아름다움을 구별한다. 또한 토마스는 창조된 아름다움^{피조물의 아름다움}과 창조되지 않은 아름다움^{하느님의 아름다움}을 구별한다.

자연과 인간의 영혼을 포함하는 모든 피조물은 스스로 존재하는 것들이 아니다. 다시 말해, 그것들은 반드시 존재해야만 하는 필연성을 전혀 가지고 있지 않다. 이런 의미에서 그것들은 우연적인 존재자이며, 어떤 필연적이고 자존적^{自存的, subsistens}인 존재자에 의존할 수밖에 없다. 이와 마찬가지로, 아무리 아름답더라도 피조물 자체에는 자신의 아름다움에 대한 필연적인 이유가 존재하지 않는다. 따라서 우리는 피조물을 아름답게 하는 아름다움의 궁극적 원인, 아름다움 그 자체를 피조물 바깥에서 찾아야 한다. 토마스는 "아름다움 그 자체"^{ipsa pulchritudo}, [10] "아름다움의 본질 자체"^{ipsa essentia pulchritudinis}[11]가 바로 하느님이라고 생각한다. 따라서 코바치가 정리하는바, 아름다움의 마지막 목록에 해당하는 것은 하느님의 속성 또는 작용들이다. 물론 하느님의 아름다움과 피조물의 아

---

10 *Summa theologiae* II-II, q.34, a.1, ob.2; q.145, a.2, c.

11 *Compendium theologiae* II, c.9, n.591.

름다움은, 하느님의 존재와 피조물의 존재가 그러하듯 유비적이다. 토마스는 이런 의미에서 하느님의 "정의와 지혜"$^{iustitia\ et\ sapientia}$, 하느님의 "사랑"^{amor} 그리고 하느님의 "자비"^{misercordia}가 아름답다고 말한다.

아름다움의 정의를 묻다

지금까지 토마스가 아름답다고 생각하는 사물들, 정확히 말해 토마스가 아름답다는 술어를 귀속시키는 개별적인 사물들에 관해 살펴보았다. 아름다운 것들을 살펴보았으니 이제 아름다움의 정의에 대해서 살펴볼 차례다. 토마스는 아름다움을 어떻게 정의하는가. 아름다움에 대한 그의 정의는 『신학대전』 제1부 제5문 제4절에서 찾아볼 수 있다.

『신학대전』 제1부 제5문의 주제는 선^{善}, 즉 좋음의 의미다. 텍스트의 맥락을 짚어보면, 제5문은 『신학대전』 초반부에 전개되는 신론의 한 부분이다. 스콜라철학의 일반적인 신학 저술의 순서를 따라 토마스는 제1문에서 신학$^{sacra\ doctrina}$이 학문일 수 있는지를 다룬 후에, 제2문에서 저 유명한 신 존재 증명을 시도한다. 제3문부터는 하느님의 속성들, 즉 단순성, 완전성, 선성, 무한성, 편재성, 불변성, 영원성, 유일성 등을 차례로 증명해나간다. 하느님의 선함을 증명하는 곳은 제6문인데, 그 전에 제5문에서 선의 일반적 의미를 다룬다. 다른 속성을 증명할 때와는 달리 유독 하느님의 선성에 대한 논의에서만 별도의 일반론을 앞세우고 있는 이유는, 앞으로 살펴보겠지만 선이 존재

『신학대전』 필사본.

자와 환치적換置的인, 즉 존재자라고 바꿔 말할 수 있는 초월범주로서 특별한 의미를 지니고 있기 때문이다. 어쨌든 제5문에서 주로 논의되는 것은 선과 존재자가 어떤 관계에 있느냐는 물음이다. '좋다'는 것과 '있다'는 것에는 어떤 관계가 있는가?

이 문제 자체를 지금 자세히 파고들어야 하는 것은 아니다. 그러나 이 문제에 포함되어 있는 질문, 즉 '선은 목적인의 의미를 갖는가?'Utrum bonum habeat rationem causae finalis라는 질문—이것이 제4절의 제목이다—을 짚어보는 것은 대단히 중요하다. 바로 이 지점에서 토마스가 아름다움을 정의하려고 시도하기 때문이다. 여기서 토마스는 선의 의미를 좀더 분명히 하기 위해 '선'과 '목적'의 개념을 동일시하는 전통적 사고방식이 타당한지를 검증하려 한다. 결론부터 말하면 토마스는 이 사고방식이 당연히 타당하다고 생각한다. 좋음이란 욕구되는 것, 곧 욕구 대상desirabile을 의미한다. 우리는 욕구 대상을 목적finis이라고도 부른다. 우리는 '음, 저것 좋은데' 하고 어떤 것을 욕구하다가 그것을 드디어 손에 넣을 때, 목적을 성취했다거나 목적에 도달했다고 말한다. 빗방울이나 눈송이처럼 질량이 있는 사물이 지구 중심 방향으로 떨어지는 것도 그것들이 지구 중심 쪽에 있으려는 경향, 즉 욕구를 지니고 있기 때문이다. 따라서 고요한 바다로 흘러들어가 있는 빗물이나 땅위에 곱게 쌓여 있는 눈의 상태가 허공 위에 어정쩡하게 떠 있는 구름의 상태보다 선이라는 것이다.[12] 욕구는 변화다. 그리고 방향 없는 변화는 없다. 변화의 방향 마

---

12 따라서 여기서 우리가 말하는 '선'은 도덕적
선이나 유용성 같은 좁은 개념의 선이 전혀
아니다. 토마스와 스콜라철학자들이 탐구하는
'선'은—도덕이나 실용적 차원의 의미 역시 모두
포함하되 그런 의미에 갇히지 않는—존재론적
의미의 선이다. 그리고 그 의미를 한마디로
표현할 수 있는 개념이 바로 '목적'과 '완전성'이다.

지막에 있는 종착점, 즉 변화의 끝을 우리는 목적이라고 부른다. 목적은 변화의 완성이자, 다른 말로 하면 변화하는 자의 완전성이다. 그러므로 목적과 완전성은 좋음의 동의어다.

그런데 문제는 사태를 다르게 보는 반론이 제기될 수도 있다는 것이다. 다른 모든 스콜라철학자도 그렇듯이, 토마스는 자기 주장만 하는 사람이 아니라 집요할 정도로 반론을 일일이 소개하고 검토하는 사람이다. 그가 소개하는 반론은 다음과 같다.

위 디오니시우스는 『신명론』 제4장에서 "좋음은 아름다움으로 칭찬받는다"라고 말한다. 그런데 아름다움은 형상인의 의미를 갖는다. 따라서 좋음은 형상인의 의미를 갖는다.[13]

이것은 선이 목적인이 아니라 형상인에 해당한다고 주장하는 논거인데, 위 디오니시우스의 『신명론』에 나오는 선과 아름다움의 동일성 테제를 전제로 삼는다. 이 논거는 다음과 같이 분석된다. ① 디오니시우스가 말했듯이, 선과 아름다움은 동일하다. ② 아름다움은 일반적으로 형상인^{모습}으로 간주된다. ①을 문제 삼는 토마스는 다음과 같이 답변한다.

아름다움과 선은 그 주체에서 동일하다. 그것은 이 둘이 모두 같은 사물에, 즉 형상에 근거하고 있기 때문이다. 이 때문에 선은 아름답다고 칭찬받는다. 그러나 이 둘은 그 개념상 다르다. 선은

13 *Summa theologiae* I, q.5, a.4, arg. 1. "Ut enim dicit Dionysius, IV cap. de Div. Nom., bonum laudatur ut pulchrum. Sed pulchrum importat rationem causae formalis. Ergo bonum habet rationem causae formalis."

본래적으로 욕구와 관련되기 때문이다. 말하자면 선은 모든 것이 욕구하는 것이다. 따라서 선은 목적의 의미를 지닌다. 욕구란 사물을 향한 어떤 운동 같은 것이기 때문이다. 그런데 아름다움은 인식능력과 관련되어 있다. 보임으로써 즐겁게 하는 것들이 아름다움이라고 불리기 때문이다.[14]

주체에서 동일하다는 말은 아름다움의 주체와 선의 주체가 같다는 뜻이다.[15] 이 말은 대략, 아름다움과 선은 그 외연이 같다는 말로 이해해도 좋다. 쉽게 말해 아름다운 사물이 열 개가 있다면 그 열 개가 모두 선하고, 선한 사물이 열 개가 있다면 그것이 전부 아름다우리라는 뜻이다. 그런데 외연이 같다고 해서 내포적 의미까지 같지는 않다. 그래서 토마스는 선과 아름다움이 개념상 다르다고 말하는 것이다. 선은 그 정의가 바람을 불러일으키는 것, 곧 '바람직한 것'desirable이므로 인간의 욕구능력과 관련되는데, 아름다움은—우리말의 형태가 암시하는 바대로—앎의 능력과 관련되어 있으니까 말이다.

"보임으로써 즐겁게 하는 것"

이렇게 말하면서 토마스는 아름다움을 "보임으로써 즐겁게 하

---

14 *Summa theologiae* I, q.5, a.4, ad 1. "pulchrum et bonum in subiecto quidem sunt idem, quia super eandem rem fundatur, scilicet super formam: et propter hoc, bonum laudatur ut pulchrum. Sed ratione differunt. Nam bonum proprie respicit appetitum: est enim bonum quod omnia appetunt. Et ideo habet rationem finis: nam appetitus est quasi quidem motus ad rem. Pulchrum autem respicit vim cognoscitivam: pulchra enim dicuntur quae visa placent."

는 것"quae visa placent이라고 정의한다. 이 정의는 평범하고 단순한 것 같다. 그러나 20세기 네오토미즘Neo-Thomism의 거두인 자크 마리 탱Jacques Maritain, 1882~1973은 불과 몇 마디 단어로 이루어진 이 정의가 아름다움의 본질을 모두 담고 있다고 평가한다.[16] 이 정의를 통해 토마스가 말하는 것은 크게 두 가지다. 첫째, 아름다움은 즐겁게 하는 것이다. 즉 아름다움은 욕구가 그 안에서 멈추게 되는 어떤 것이다. 이 점에서 아름다움은 인간의 욕구능력과 관계가 있다. 그런데 토마스에 따르면, 욕구의 고유한 대상은 선이다. 따라서 아름다움은 선의 의미 내용 안에 있다. 둘째, 아름다움은 보이는 것이다. 여기서 보인다는 말은 아름다움이 단순히 시지각의 대상이 된다는 의미가 아니다. 이미 고대 희랍에서부터 '본다'는 말은 시각뿐 아니라 모든 감각적 지각을 대표하는 의미로 사용되었으며, 더 나아가 정신적 인식까지 포함하는 의미로 사용되었다. 본다는 것은 안다는 말이다.[17] 그리고 아름다움은 앎의 대상이 될 만하다는 말이다. 말하자면, 아름다움은 욕구능력뿐 아니라 인식능력과도 관계가 있다. 우리는 앞선 인용문에서 드러나듯 아름다움의 정의가 선과 아름다움의 개념적 차이를 설명하는 과정에서 주어진다는 사실에 유의해야 한다. 토마스가 제시한 아름다움의 정의는 선의 개념과 아름다움의 개념을 구분해내려는 시도에 다름 아니다. 따라서 아름다움의 정의를 이해하기 위해서는 선과 아름다움의 개념적 차이를 파악하는 일이 관건이다.

물론 토마스가 선과 아름다움이 동일하다는 위 디오니시우스의

15 토마스는 아름다움과 선은 사물에서 동일하다
    (idem in re)는 말도 사용한다.

16 J. Maritain, *Art and Scholasticism*, p.19 참조할 것.

17 영어 'to see'의 의미를 상기하라.

생각을 부정하는 것은 아니다. 선과 아름다움의 동일성은 위 디오니시우스의 가장 근본적인 통찰 가운데 하나였다. 그에 따르면, 선과 아름다움은 모든 피조물이 추구하는 동일한 원인이며, 이 동일한 원인을 어떤 식으로든 분유하지 않는 피조물은 없다. 이 점에서 위 디오니시우스는 선과 미를 '미선'이라는 단일한 개념으로 통합했던 그리스적 사유 전통의 대변자라고 불릴 수 있으리라. 토마스 자신도 위 디오니시우스를 주해하면서 이 생각을 받아들인다. "선이란 모든 것이 욕구하는 것이기 때문에, 자기 자신 안에 욕구대상의 의미^{ratio} ^{appetibilis}를 지니는 것은 무엇이든 선의 의미$^{ratio\ boni}$를 지닌다고 생각된다. 빛과 아름다움이 바로 그러한 것들이다."[18] 즉 아름다움은 좋은 것이다. 토마스가 선과 아름다움이 그 주체에서 동일하다고, 즉 실제적으로 동일하다고 말하는 이유는 바로 여기에 있다.

그런데 토마스는 위 디오니시우스와 달리, 이러한 선과 아름다움의 동일성 테제에 하나의 결정적인 제한을 가한다.[19] 즉 토마스는 아름다움이 선에 기반을 두고 있지만, 선에 어떤 한 가지 의미, 즉 '인식능력과의 관련성'을 덧붙인 것이라고 생각한다.[20] 선이 그 자체로 욕구능력을 만족시키는 것, 즉 즐겁게 하는 것이라면, 아름다움은 그것의 인식이 욕구능력을 만족시키는 어떤 것이다. "인식 그 자체가

---

18 *Super De divinis nominibus* IV lect.1, n.266.
    "Cum bonum sit quod omnia appetunt,
    quaecumque de se important appetibilis
    rationem, ad rationem boni pertinere videntur;
    huiusmodi autem sunt lumen et pulchrum."

19 J. Aertsen, "Beauty in the Middle Ages:
    A Forgotten Transcendental?" in *Medieval
    Philosophy and Theology 1*, p.83 참조할 것.

20 *Super De divinis nominibus* IV, lect.5, n.356.
    "Quamvis autem pulchrum et bonum sint
    idem subiecto, quia tam claritas quam
    consonantia sub ratione boni continentur,

즐거움을 주는 대상, 그것이 아름답다고 불린다"^{pulchrum autem dicatur id cuius ipsa apprehensio placet}. [21] 이로써 아름다움의 개념은 선 일반 안에서 뚜렷한 독자적인 의미를 얻게 된다. 아름다움은 그 자체로 선이되, 유용성으로서의 선과는 분명히 구별된다. 다음 인용문을 보자.

모든 자연 사물은 신적 기술에서 산출되었다. 따라서 그것들은 어떤 의미에서 하느님의 제작물이다. 그런데 모든 제작자는 자신의 작품에 최선의 상태^{dispositio}를 주려고 의도한다. 그리고 이는 단적으로 그런 것이 아니라 목적과의 관련 속에서 그러한 것이다. 이러한 상태가 어떤 결함과 결부되어도 제작자는 개의치 않는다. 예컨대 자르기 위해 톱을 만드는 제작자는 자르기에 적합하도록 철로 톱을 만든다. 그는 유리로 톱을 만들 생각을 하지 않는다. 유리가 더 아름다운 재료이기는 하지만 그 아름다움은 목적에 방해가 될 것이기 때문이다. [22]

tamen ratione differunt: nam pulchrum addit
supra bonum, ordinem ad vim cognoscitivam
illud esse huiusmondi."

21 *Summa theologiae* I-II, q.27, a.2, ad 3 "Cum
enim bonum sit quod omnia appetunt, de
ratione boni est quod in eo quietetur
appetitus: sed ad rationem pertinet quod in
eius aspectu seu cognitione quietetur
appetitus. Unde et illi sensus praecipue
respiciunt pulchrum qui maxime
cognoscitivi sunt, scilicet visus et auditus
rationi deservientes.……Et sic patet quod
pulchrum addit supra bonum quemdam
ordinem ad vim cognoscitivam: ita quod
bonum dicatur id quod simpliciter complacet
appetitui; pulchrum autem dicatur id cuius
ipsa apprehensio placet."

22 *Summa theologiae* I q.91, a.3, "……omnes res

하느님이 과연 인간의 몸을 최선의 상태로 창조한 것인지를 묻는 텍스트에서 발췌한 구절이다. 이 물음에 대해 토마스는 이렇게 답한다. 비록 인간의 몸이 사자 같은 강건함도 독수리 같은 매서움도 갖추지 못했지만 이성적 영혼과 그 활동이라는 고유한 목적에 최적화되어 있기 때문에, 하느님이 인간의 몸에 최선의 상태를 부여했다고 말할 수 있다는 것이다. 이를 설명하면서 토마스는 어떤 목적에 대한 적합성과 아름다움이 같지 않다는 것을 명시적으로 강조한다. 스콜라철학적으로 말하면, 톱이라는 존재자는 존재자인 한에서 선하다. 그런데 톱은 톱인 한에서 자기 자신만의 고유한 선성을 지닌다. 그 선성이란 절단이라는 목적에 적합한 도구로서의 기능이다. 우리는 단단함과 날카로움 같은 물리적 속성으로 설명할 수 있는 적합성을 톱의 좋음이라고 간주하고, 그런 속성을 충실히 갖춘 톱을 좋은 톱이라고 부른다. 그런데 누군가 유리로 톱을 만든다면, 그 톱은 이런 유용성이나 적합성으로서의 좋음을 갖추지 못할 것이다. 즉 유리톱은 우리에게 뭉툭한 나무토막을 깔끔하고 반듯하게 썰어내는 즐거움을 주지 못한다. 이것이 톱의 좋음이다. 그러나 유리톱은 우리에게 다른 종류의 즐거움을 준다. 아마도 시각과 인식의 즐

naturales productae sunt ab arte divina, unde
sunt quodammodo artificiata ipsius Dei.
Quilibet autem artifex intendit suo operi
dispositionem optimam inducere, non
simpliciter, sed per comparationem ad finem.
Et si talis dispositio habet secum adiunctum
aliquem defectum, artifex non curat. Sicut
artifex qui facit serram ad secandum, facit
eam ex ferro, ut sit idonea ad secandum;
nec curat eam facere ex vitro, quae est
pulchrior materia, quia talis pulchritudo esset
impedimentum finis."

거움일 것이다. 투명하고 반짝이는 유리의 질료적 특징을 간직하되 날카로운 톱의 형상까지 갖추고 있는 저 사물을 보는 일 그리고 그 속에 숨겨져 있는 작가의 제작 의도를 알아차리는 일은 그 자체가 즐거움이리라. 물론 이는 그 사물이 단순히 '톱으로서 존재하는 한 에서' 비롯되는 즐거움이 아니라, '톱으로서 존재하는 동시에 톱으로서 인식되는 한에서' 비롯되는 즐거움이다.[23]

아름다움의 조건인 완전성

지금까지 우리는 '보임으로써 즐겁게 하는 것'이라는 아름다움의 정의가 무엇을 의미하는지 살펴보았다. 그렇다면 이제 이 정의의 성격을 어떻게 판단해야 할지를 알아보자. '보임으로써 즐겁게 하는 것'이라는 정의는 객관적인 정의라기보다는 주관적 조건에 의존하는 정의 아닌가. 본다는 것과 즐겁다는 것은 주체의 작용이나 상

---

23 소크라테스는 이러한 토마스적 즐거움의 존재를
인정하지 않았다. 소크라테스는 본래
아름다움이라는 말 자체를 유용성 또는
적합성으로서의 좋음과 구별하지 않기도 했지만,
단적으로 말해 유리톱은 톱이 아니라고 생각했다.
톱의 본성은 무언가를 자르는 구실에 있으며,
단지 거기에 있을 뿐이다. 따라서 자르지 못하는
톱이 어떤 방식으로든 결과적으로 우리에게 어떤
즐거움―예컨대 감상의 즐거움―을 준다면,
우리는 그것을 톱이 주는 즐거움이 아니라 톱이
아닌 다른 종류의 사물이 주는 즐거움으로
간주해야 한다. 토마스는 다른 관점에서 사태를
바라본다. 인식은 존재와 분리될 수 없기 때문이다.
유리톱이 우리에게 미적 즐거움, 즉 인식의
즐거움을 준다면, 이는 단순히 유리톱이
유리의 시각적·촉각적 속성을 지니고 있기
때문에 그런 것이 아니라 톱의 형상을 취해
일종의 톱으로서 존재하기 때문에 그리고 그렇게
존재하는 그대로 인식되기 때문에 그런 것이다.

태를 나타내지, 아름답다고 여겨지는 사물에 속하는 규정은 아니지 않은가.

그러나 이러한 의문은 아름다움에 관한 토마스의 정의를 이해할 때 사람들이 빠지기 쉬운 오해를 보여줄 뿐이다. 토마스는 '보임'과 '즐겁게 함'이라는 규정을 통해 분명히 아름다움을 영혼의 능력에 대한 관계 속에서 정의한다. 그러나 아름다움을 이러한 방식으로 정의하는 것이 아름다움을 바라보는 실재론적 관점을 포기하는 것을 의미하지는 않는다. 왜 그러한가. 토마스의 정의는 "어떤 사물이 보임으로써 즐거움을 주기 때문에 아름답다"는 것을 의미하지 않기 때문이다. 다만 그의 정의는 어떤 것이 "아름답기 때문에 보였을 때 즐거움을 준다"는 것을 의미한다. 아름다움이 원인이고 즐거움이 결과인 것이지 그 반대가 아니다. 이런 방식의 정의를 '결과를 통한 정의'definitio per effectum 또는 '후차적인 것을 통한 정의'definitio per posteriora라고 부른다. 철학사에서 이러한 정의의 가장 유명한 사례는 아리스토텔레스가 제시하는 좋음선의 정의다. 아리스토텔레스는 『니코마코스 윤리학』 첫머리에서 좋음을 '모든 것이 욕구하는 것' quod omnia appetunt이라고 정의했다.[24] 이때 그가 말하려 했던 것은 '어떤 것은 욕구되기 때문에 좋은 것이다'가 아니다. 좋음의 내재적 의미를 그 자체로 또는 선험적으로 규정하기는 어렵지만, 적어도 욕구의 대상이 되는 것은 필연적으로 어떤 좋음의 이유를 포함하고 있다는 것이 아리스토텔레스의 정의가 담고 있는 의미였다.

그렇다면 우리는 아름다움을 그 결과의 측면에서, 즉 아름다움이

24　*Ethica Nicomachea* I, c.1, 1094a2~3.

초래하는 심리적 효과의 측면에서 고찰할 뿐 아니라 아름다움의 객관적인 의미 내용도 분석해볼 수 있을 것이다. 어떤 사물이 아름다운 것이기 위해서, 그 사물은 어떤 조건을 만족시켜야 하는가. 어떤 속성을 지니는 사물이 아름다운 것인가. 우리는 앞서 아우구스티누스의 『신국론』에 나오는 물체적 아름다움의 고전적 정의를 언급한 적이 있다. "아름다움은 색채의 우아함과 결합되어 있는 부분들의 조화"라고 했던 정의 말이다. 이 정의에 포함된 '색채의 우아함' '부분의 조화' 같은 것이 바로 아름다움의 객관적 조건이나 지표로 가정되는 것들이다. 그렇다면 토마스는 어떨까. 토마스 역시 『신학대전』 제1부 제39문 제8절에서 자기 나름의 방식으로 아름다움의 조건을 제시한다.

다시 텍스트의 맥락을 확인해보자. 『신학대전』 제1부는 신론과 창조론을 다룬다. 이 중에서 가장 난해한 부분은 삼위일체론을 다루는 제27문에서 제43문까지다. 토마스는 하느님에게서 위격을 구별한다는 것이 어떤 의미가 있는지, 위격이 무엇이고 어떤 방식으로 인식할 수 있는지, 세 위격의 고유한 명칭이 무엇인지를 차례로 탐구해나가다가 제39문에서 하느님의 본질과 위격의 관계를 다룬다. 하나의 동일한 신적 본질과 세 위격의 관계에 대한 논의의 말미 ^{제8절}에서, 토마스는 각 위격의 고유성에 대한 옛 교부들의 가르침을 재검토한다. 그의 물음인즉슨, "거룩한 박사들이 각 위격에 각각의 본질적 고유성을 적절히 귀속시켰는가?"^{Utrum convenienter a sacris Doctoribus sint essentialia Personis attributa}이다.

아름다움에 대한 논의는 교부 힐라리우스Hilarius, ?~468의 가르침을 해설하는 대목에서 등장한다. 힐라리우스는 『삼위일체론』에서 "영원성은 성부 안에, 형상은 모상Imago 안에, 사용은 선물Munus 안에 있다"라고 말한다. 여기서 모상은 성자 곧 그리스도를, 선물은 성령을 가리킨다. 힐라리우스는 성부와 성자와 성령 각각의 본질적인 고유성을 영원성과 형상과 사용이라고 가르친 것이다. 토마스는 이 가르침에 동의한다. '영원성'은 원리에서 비롯되지 않은 존재, 곧 시초가 없는 존재를 뜻한다는 점에서 성부의 고유성이고, '사용'은 성부와 성자가 서로 향유한다는 의미, 즉 사랑한다는 의미이므로 성령의 고유성이다. 그렇다면 형상은 왜 성자에게 돌려지는가. 토마스의 말을 들어보자.

그런데 형상 또는 아름다움은 성자의 고유성과 유사하다. 아름다움은 세 가지 조건을 요구하기 때문이다. 첫째는 **온전함 또는 완전성**integritas sive perfectio이다. 손상된 것은 그 자체로 추하기 때문이다. 둘째는 **마땅한 비례 또는 조화**debita proprtio sive consonantia다. 셋째는 **선명함**claritas이다. 빛나는 색깔을 가진 것이 아름답다고 불리는 이유가 여기 있다.

그러므로 첫째와 관련해 성자가 성부의 본성을 자신 안에 참되게 그리고 완전하게 가지고 있는 한, 형상은 성자의 고유성과 유사하다. ……그리고 둘째와 관련해, 성자가 성부를 표현하는 성부의 모상인 한, 형상은 성부의 고유성에 속한다. 이런 점에서, 우리가 목

이스탄불의 코라(Chora) 교회 나르텍스에 있는
팬토크레터(Pantocrator) 모자이크 타일.
팬토크레터는 우주의 보편적 창조자인
말씀으로서의 성자를 표현한 도상이다.

격하는바, 설사 추한 사물이라 하더라도 그것을 완전하게 재현하는 모상은 아름답다고 불린다. ……셋째와 관련해, 성자가 말씀이자 빛인 한, 즉 지성의 광휘^{splendor intellectus}인 한에서 형상은 성자의 고유성에 속한다. 아우구스티누스가 성자는 "그 어떤 것도 결여되지 않은 완전한 말씀이자 전능한 하느님의 예술"[25]이라고 말할 때, 그는 이 요점을 짚고 있는 것이다.

이 인용문을 객관적으로 평가하자면, 토마스의 독창성은 아름다움의 세 조건을 발견했다는 데 있다기보다는 성자의 고유성을 그 세 조건에 맞게 설명해냈다는 데 있다. 세 가지 조건 가운데 적어도

---

25 Summa theologiae I, q.39, a.8, c. "Species autem, sive pulchritudo, habet similitudinem cum propriis filii. Nam ad pulchritudinem tria requiruntur. Primo quidem, integritas sive perfectio, quae enim diminuta sunt, hoc ipso turpia sunt. Et debita proportio sive consonantia. Et iterum claritas, unde quae habent colorem nitidum, pulchra esse dicuntur. Quantum igitur ad primum, similitudinem habet cum proprio filii, inquantum est filius habens in se vere et perfecte naturam patris.…… Quantum vero ad secundum, convenit cum proprio filii, inquantum est imago expressa patris. Unde videmus quod aliqua imago dicitur esse pulchra, si perfecte repraesentat rem, quamvis turpem.…… Quantum vero ad tertium, convenit cum proprio filii, inquantum est verbum, quod quidem lux est, et splendor intellectus, ut Damascenus dicit. Et hoc tangit Augustinus cum dicit, tanquam verbum perfectum cui non desit aliquid, et ars quaedam omnipotentis Dei, et cetera."; Augustinus, De Trinitate VI, 10.

두 가지, 즉 둘째와 셋째 조건은 토마스 이전에도 사람들이 오랫동안 가지고 있었던 관념이기 때문이다. 어쨌든 그가 제시한 아름다움의 세 가지 조건을 차례로 검토해보자.

먼저 토마스는 형상과 아름다움을 동의어로 사용한다. 앞에서 언급했듯이, 형상은 그 자체가 미학적 용어다. 형상이란 어떤 사물이 본래 지니고 있어야 할 본모습을 뜻하기 때문이다. 흠결이나 손상이 없는 본모습 그대로라는 의미에서 형상은 고움, 즉 아름다움이다. 그러므로 아름다움이 함축하는 첫 번째 의미는 완전성이다. 왜 그러한가. 생성에서든 존재에서든, 형상은 질료^{가능성}에 대한 현실성이다. 즉 형상은 질료를 바탕으로 하는 생성의 과정이 끝날 때 그 과정을 종결시키는 원리이자, 질료와 결합되어 특정한 실체를 그 실체로 존재하게 하는 현실적 원리다. 형상은 생성을 완수시키는 것 그리고 존재를 완성시키는 것이다.[26] 달리 말하면 형상이란 완전하게 수행된 것, 완성된 것, 완전해진 것을 말한다. 아직 완전하게 수행되지 못한 것, 미진한 구석이 있는 것, 덜된 것은 온전한 의미에서 형상이라고 부르지 않는다. 불완전한 것은 아름답지 않고 추하다. 활짝 핀 함박꽃의 아름다움을 예로 들면, 개화의 형상에 못 미치는 봉우리나 생육부진으로 꽃잎의 윤기가 덜하거나 풍성하지 않은 꽃송이는 아름답지 않다. 완전성의 조건을 충족시키지 못하기 때문이다. 완전성은 '갖출 것을 다 갖춘 상태', 즉 무결^{無缺}, 구존^{具存}, 온전^{穩全}이라고 표현할 수 있는 상태를 뜻한다.[27]

---

26 물론 이 문장을 읽고 형상인과 작용인을
   혼동해서는 곤란하다. 형상은 그 형상을
   만들어내는 자와는 구별되는 원리다. 형상은
   '형상인으로서' 생성과 존재를 완성시킨다.
   말하자면 작용인으로서 수증기를 만들어낸 것은
   물을 가열한 불이겠지만, 형상인으로서 수증기를
   존재하게 하는 것은 수증기의 형상일 것이다.
27 물론 '갖출 것을 다 갖춘 상태'라는 말은 갖출

완전성은 아름다움의 조건 가운데 가장 근본적인 것이다. 완전성은 무엇보다 선의 의미 내용이기도 하다. 선은 욕구될 만한 것^{바람직}^{한 것}으로 정의되는데, 선이 욕구될 만한 것인 이유는 그것이 완전하기 때문이다. 그러므로 완전성은 아름다움의 다음 조건들, 즉 비례와 선명함에 비해, 아름다움을 선과 묶어주는 더 근원적이고 더 유적^{類的}인 개념에 해당한다.

비례와 선명함

토마스가 완전성을 아름다움의 조건으로 명시하는 것은 존경하는 스승 알베르투스의 영향 때문이다. 이에 비해 둘째 조건과 셋째 조건은 더 전통적인 것으로, 초기 스콜라철학뿐 아니라 아우구스티누스도 이미 주목했던 것이다. 비례^{proportio}와 조화^{consonantia}는 각각 희랍어 'symmetria'와 'harmonia'에 해당하는 것으로, 그 개념적 기원은 피타고라스학파에 있다. 피타고라스에 따르면, 수^數 사이의 비례가 조화다. 그는 만물의 성립과 존립이 수적 원리를 따른다고 보았거니와, 각각의 사물은 수로 측정될 수 있는 각자에게 마땅한 한도 또는 정도 내에서 적절하게 존재한다고 보았다. 예컨대 유기체에는 유기체가 생존할 수 있는 적절한 온도의 범위가 있어서, 그 범위에 알맞게 차가움과 뜨거움이 조화롭게 혼합되어야 유기체가 살 수 있다. 또 현의 길이가 너무 길거나 너무 짧으면 마땅히 나야 할 소리가 나지 않으니, 좋은 소리가 나기 위해서는 그 길이가 어떤 한도 또는 정도에 맞아야 한다.

만큼 갖출 상태라는 의미도 함축한다. 이어지는 비례 개념을 염두에 두면 더 분명해지겠지만, 지나치게 갖추는 것은 부족한 것보다 나을 것 없는 불완전성의 상태다. 토마스의 이런 정신에 따르면, 예컨대 전인(全人)은 아름답되 부자는 아름답지 않다고 해야 할 것이다.

토마스도 이렇게 생각했을 것이다. 그런데 그는 통상적인 비례 개념을 넘어서 좀더 넓은 의미에서 이 개념을 사용하고 있는 것 같다. 즉 토마스가 비례와 조화를 말할 때, 그는 양적인 관계뿐 아니라 질적인 관계도 염두에 두고 있으며, 물체적 세계뿐 아니라 정신적 세계에도 그 개념을 적용하고 있는 것이다. 말하자면 토마스에게 비례와 조화는 사물과 영혼 사이의 관계에도 적용될 수 있으며, 사물과 사물의 본형상 사이에도 적용될 수 있는 개념이다. 감각을 비롯한 인식 작용은 외부 사물과 인식 주체의 어울림, 즉 양자 사이의 비례가 성립하는 사건이다. 그리고 질료는 특정한 형상과 어울림으로써 특정한 사물이 된다. 토마스는 아름다움의 조건으로 '마땅히 있어야 할 비례'debita proportio라는 표현을 쓴다. 그렇다면 마땅히 있어야 할 비례란 어떤 것일까. 아름다움의 조건이 비례라는 그의 말은 도대체 무슨 의미일까. 비례에 맞는 이목구비와 팔다리가 아름다워 보이고 비례에 맞는 음들이 아름답게 들린다는 의미도 분명히 포함되어 있다. 그러나 더 근본적으로는, 어떤 사물의 모습이 제 본성 또는 본질과 일치하는 것이 '마땅한 비례'가 의미하는 바다.[28] 여전히 인간이기는 하되 인간의 본성과 통약될 수 없는같은 척도로 측정할 수 없는 측면이 너무 많은 괴물 같은 인간은 더 이상 아름다운 인간이 아니지 않은가.

그러므로 여기서 토마스가 말하는 적합한 비례는 단순히 기하학적 의미나 음향적 의미로 이해될 수 없다. 사물의 본성이 제각각 다르므로 적합한 비례, 즉 미적인 비례 역시 사물에 따라 다르다. 토마

28 *Summa theologiae* I-II, q.49, a.2, ad 1. "Figura prout convenit naturae rei et color pertinet pulchritudinem."

랭스 대성당의 천장.
엄격한 비례, 대칭, 균형은 로마네스크와 고딕을
관통하는 서양 중세건축의 기본 원리였다.

스는 인간의 아름다움과 사자의 아름다움이 다르며 어린이의 아름다움과 노인의 아름다움이 다르다고 말한다. 육체의 아름다움과 정신의 아름다움도 다르다고 말한다.[29] 모든 경우에서, 아름다움은 각자가 각자의 본성, 즉 본모습에 일치함을 의미한다. 이런 점에서 비례는 합치conformitas라는 말로도 불린다.[30]

선명함claritas의 개념에도 물리적 의미와 정신적 의미가 모두 들어 있다. 여기서 선명하다고 번역한 라틴어 'clarus'는 밝고 맑은 것을 뜻한다. 밝으려면 빛이 있어야 하고, 맑으려면 빛이 있어야 할 뿐 아니라 침침한 것이 섞여 있지 않은 깨끗한 상태여야 한다. 토마스는 아우구스티누스처럼 물체적 아름다움의 조건으로 "선명하고 빛나는 색채"color clarus et nitidus를 꼽는데,[31] 때로는 선명함이라는 표현을 비물질적 영역에서 사용하기도 한다. 말하자면 선명함이 근본적으로 뜻하는 바는 진眞, 곧 사물의 가지성可知性, inteligibilitas이다. 우리가 어떤 대상을 이해할 수 있는 이유는 그 대상이 본성상 가지적이기 때문이다. 우리는 선명하지 않은 것, 맑고 깨끗하지 않은 것은 인식할 수 없다. 선명하다는 것은 사물이 인간의 인식능력에 자기 자신을 뚜렷하게 드러낸다는 것, 즉 현시한다manifestare는 것을 뜻한다. 이런 의미에서 가지성은 빛lumen으로 표현되기도 한다. 물리적 세계에 존재하는 사물들이 가시성의 근원인 빛 없이는 보이지 않는 것처럼, 정신적 영역에서도 정신적 인식을 가능하게 하는 가지성의

29 *Super De divinis nominibus* IV, lect.5 n.362.

30 'conformitas'의 사전적 의미는 합치, 일치, 조화 정도다. 단 'con-forma'라는 어형에서 알 수 있듯이, 이 말의 근본적인 의미는 '닮은꼴임' 또는 동형성(同形性)―형상에서 일치함 또는 형상에 일치함―정도로 표현할 수 있다.

31 *Super De divinis nominibus* IV, lect.5, n.362. "Hominem pulchrum dicimus... propter hoc quod habet clarum et nitidum colorem."

빛이 존재한다.

　인식된다는 것은 형상^{species}의 근본적 특징이다. 질료가 아니라 형상이 인식의 원리다. 모든 사물은 형상을 지닌 한에서 자신 안에 선명성을 간직하고 있으며, 이것 때문에 인식능력을 통해 수용될 수 있다. 이처럼 선명함이 인식능력과의 관계를 함축하고 있는 한에서, 선명함은 아름다움의 조건이되 아름다움이 선에 특수하게 덧붙이는 의미 내용에 해당한다.

존재론적 조건

　지금까지 설명한 아름다움의 세 가지 개념적 조건은 앞 장에서 설명한 아름다움의 정의와 어떤 관계가 있는가. 쉽게 정리하자면 다음과 같이 말할 수 있을 것이다. 완전성, 비례, 선명함의 조건을 갖추고 있는 사물을 인식했을 경우, 영혼은 즐거움을 느낀다. 영혼은 선을 향한 끊임없는 욕구를 지니고 있으며 살아가며 만나는 수많은 개별적인 선을 획득할 때마다 욕구의 충족, 곧 즐거움을 얻는다. 토마스가 말하는 세 가지 조건을 갖춘 사물은—실제적으로 획득되거나 소유되거나 사용되지 않고서도—단지 인식되는 것만으로 인식하는 자에게 그 사물의 존재에 고유하게 속하는 즐거움을 줄 수 있다. 어떤 사물은 이 세 가지 조건 때문에 그것을 인식하는 것 자체가 특별히 추구할 만하고 즐거움을 주는 것으로 간주된다. 예를 들어 난해한 수학 문제를 멋지게 해결했을 때나 복잡한 자료를 정리해 진리를 발견했을 때에도 인식의 즐거움이야 있겠지만,

이는 인식능력의 본성 자체에서 발생하는 즐거움이지 대상의 독특한 존재 조건에서 발생하는 즐거움은 아니다. 인식능력은 일반적으로 진리를 인식하려는 본성적 욕구를 지닌다. 진리는 '인식능력의' 선이다. 그런데 아름다운 존재자는 그것을 인식하는 게 욕구능력의—따라서 그 자체로—선이다. 아름다운 존재자가 우리에게 현전한다면, 우리는 그것에 손을 뻗쳐 그것을 획득하지 않고도 순전히 그것을 인식적으로 향유하는 것만으로 즐거움을 얻을 수 있다.

또 한 가지 언급해둘 것이 있다. 완전성·비례·선명함은 단순히 물리적인 조건이 아니라 일종의 존재론적인 조건이다. 이는 세 조건이 기본적으로 존재자가 존재자인 한에서 지니는 속성들을 가리킨다는 뜻이다. 존재자는 존재하는 한에서 존재의 현실성을 지닐 수밖에 없고 존재 원리들의 비례적 관계를 전제할 수밖에 없으며 내적인 가지성을 포함할 수밖에 없다. 존재자가 존재하는 이유는 현실적 존재의 원리인 형상을 지니고 있기 때문이다. 모든 존재자는 어느 정도 완전하고 비례적이며 선명하기 마련이다. 이러한 속성을 조금도 성취하지 못한 존재자는 있을 수 없다. 아우구스티누스가 정확히 통찰했던 바지만, 추함 자체는 존재하지 않는다. 토마스도 정확히 같은 방식으로 생각했다. 결핍과 뒤틀어짐과 캄캄함 자체로 이루어진 존재자는 상상할 수조차 없다. 그 이유는 우리의 상상력이 부족하기 때문이 아니라 그러한 존재자가 개념적으로 성립하지 않기 때문이다.

물론 완전성·비례·선명함이 보편적인 존재론적 조건이라는 말이, 각 사물에 존재하는 이 속성들의 정도 차이를 배제하는 것은 아니다. 이 셋은 '더'와 '덜', 곧 정도를 받아들이는 개념이다. 세상에는 더 아름다운 것과 덜 아름다운 것이 있다. 이 말은 공작새가 닭보다 더 아름답고, 인간이 들쥐보다 더 아름다우며, 함박꽃이 곰팡이보다 더 아름답다는 말이 아니다. 물론 공작새와 인간과 함박꽃이 더 아름다울 수 있다. 그러나 우리는 종 사이에 존재하는 완전성의 정도를 따질 뿐 아니라 같은 종에 속하는 개체 사이에 존재하는 완전성의 정도도 따질 수 있다. 모든 개별적인 공작새는 공작새인한에서 '더 공작새이거나' '덜 공작새일' 수는 없다. 즉 공작새들은 모두 같은 의미에서 공작새이지만, 공작새가 마땅히 갖춰야 할 깃털의 모양과 색채, 예민한 감각능력, 기민함과 자태 등에서는 당연히 개체마다 차이가 있을 것이다. 이런 의미에서 완전성을 비롯한 아름다움의 조건은 개별적 존재자마다 상이한 수준에서 충족되어 나타나기 마련이다. 앞으로 살펴보겠지만, 스코투스는 본질적 선과 우유^{偶有, accidens}로서의 선, 다시 말해 초월적 선과 자연적 선을 구별함으로써 이러한 사태를 분명하게 잡아내려 했다.

형상이란 무엇인가

토마스가 아름다움의 세 조건으로 명시한 완전성과 비례와 선명은 모두 형상의 개념으로 소급된다. 그렇다면 형상이란 도대체 무엇인가.

먼저 형상은 존재의 현실성을 뜻한다. 현실적으로 존재하는 사물은 다름 아닌 그 사물로 존재하기 위해 필수적인 형상—실체적 형상과 그에 딸린 고유한 속성들—을 갖추고 존재하기 마련이다. 자신의 형상을 갖춘 모든 것은 그 자체로 완전해 아름답다. 그리고 자신의 형상을 더 충실히 갖춘 사물, 즉 자신이 갖출 수 있는 것을 더 많이 갖춘 사물은 더 아름답다. 그러니 아름다운 사람이 되기 위해서는 편중된 탁월함을 갖추기보다는 무엇보다 온전한 인간, 통합적인 인간, 균형 잡힌 전인全人으로 존재해야 한다.

한편 형상은 일종의 비례다. 무정형의 진흙덩어리도 일종의 형상을 가지고 있다고 할 수 있지만 그것을 바탕질료으로 삼아 화학적·물리적 규칙으로 반듯하게 다듬은 테라코타 작품에 비하면 불완전한 형상을 가지고 있다. 테라코타의 반듯한 비례, 그것은 무엇인가. 그것은 제작자의 기술 안에 있었던 형상이다. 그 형상은 질료에 투영되고 마침내 작품 속에 존재하게 된다. 말하자면 작품이 제작자의 정신적 형상과 일치하게 된 것이다. 일치는 그 자체가 조화 또는 비례의 일종이다. 이런 의미에서 비례는 형상 그 자체이자 실존하는 사물과 형상의 일치다. 자연적 사물이라고 사정이 다를 이유는 없다.

마지막으로 형상은 인식의 원리다. 테라코타 인물상은 인물로 인식되지 구운 진흙으로 인식되지 않는다. 일반적으로 말하자면, 뚜렷하게 인물로 인식할 수 있는 인물상이, 인물인지 코끼리인지 혼동을 일으키는 인물상보다 자신이 가져야 할 형상을 더 완전하게 가지고 있다. 예술적 형상이나 순수한 자연물의 형상은 아름다움을

1200년경 북이탈리아에서 제작된 나무 십자고상.
메트로폴리탄 박물관 소장.

인식하려고 하는 지성의 욕구와 가능성을 충족시킨다. 그것은―사람들이 흔히 말하는 능동지성과는 또 다른 의미에서―'지성의 빛'이다. 지성의 눈으로 보면 아름다운 형상은 물리적 빛 이상으로 밝고 찬란하다.

토마스는 이런 세 가지 의미에서 성자의 위격에 형상의 고유성이 속한다고 보았다. 형이상학의 언어를 동원해 예수 그리스도를 한마디로 표현해보자. 그분은 형상이다. 정확히 말해 그분은 창조주인 성부의 형상이다. 성자는 성부와 본질이 같은 위격으로서 성부에게서 발출되어 나왔으니, 말하자면 마구간에서 태어나 집도 없이 떠돌다 강도와 함께 십자가에 매달린 고단하고 비참한 삶의 모습 그대로 성부의 모습을 완전하게 가지고 있다고 토마스는 생각한다. 그들은 완전하게 유사하다. 다시 말해 그들은 완전하게 일치한다. 그 어떤 원판과 복사본이 일치하는 것 이상으로 그들은 완전하게 조화를 이룬다. 성부와 성자가 일치할 수밖에 없는 것은 성자가 성부의 인식이기 때문이다. 성부가 세상을 인식하고 창조한 원리는 '말씀'이라고 불리거니와, 그 태초의 말씀이 바로 그리스도다.[32] 토마스는 성장하고 노동하고 유혹받고 기도했던 그리스도의 구체적 삶이 성부가 인식한 자기 자신의 모습이었다고 믿는 것이다. 그러니 그리스도 이상의 아름다움이 또 무엇이 있겠는가.

초월범주 이론과 존재자

앞서 살펴본 것처럼 토마스는 '보임으로써 즐겁게 하는 것'이라

---

32 하느님이 세상 만물을 존재하게 한다는 것은
    그가 세상 만물을 인식한다는 뜻이고, 세상 만물을
    인식한다는 것은 그가 자기 자신을 인식한다는
    뜻이다. 하느님은 자기 자신 안에서 만물을 동시에
    인식하기 때문이다.

는 아름다움의 정의를 선의 존재론적 의미를 해명하는 맥락『신학대전』제1부 제5문 속에서 제시했다. 그는 또한 진과 선의 관계 속에서 아름다움을 설명했다. 여기서 진과 선은 존재자의 특수한 유類 또는 존재자의 특수한 성질이 아니라 존재자가 존재자인 한에서 지니는 규정성 같은 것이다. 따라서 아름다움 역시 존재자의 보편적 속성이다. 존재자가 존재자인 한에서 지니는 진참임·선좋음·미아름다움 같은 속성을 스콜라철학자들은 초월범주transcendentale라는 용어로 부르곤 했다. 초월범주 이론은 신 존재 증명과 더불어 중세 형이상학의 정수精髓에 해당한다. '아리스토텔레스 수용'Aristotle's reception이 완성되었던 13세기, 초월범주 이론은 그 당시 형이상학의 시대정신과도 맥을 같이하는 이론이었다.[33]

토마스 미학의 근본적인 특징은 초월범주 이론을 충분히 숙지하지 않으면 이해하기 어렵다. 토마스의 미학뿐 아니라, 어떤 의미에서는 중세 스콜라미학 전반이 초월범주 이론의 지평 위에서 전개된다. 토마스 미학에 대한 현대적 해석 역시 마찬가지다. 그러므로 우리는 여기서 초월범주 이론에 대해 따로 살펴보아야 한다.

초월범주란 무엇인가. 이에 답하기 위해서는 이 문제에 관한 고전적인 텍스트인『진리론』제1문을 인용하는 편이 좋을 것이다. 조금 길더라도 한번 살펴보도록 하자.

---

33 초월범주 이론이 나타나게 된 가장 중요한 배경은
아리스토텔레스의『형이상학』수용이다. 초기 중세
까지 주로 영향을 미쳤던 후기 희랍의『형이상학』
주해 전통은 형이상학의 대상을 대체로 신적
존재자로 이해했는데,『형이상학』원전 수용은
"존재자 자체와 존재자가 존재자인 한에서 지니는
특징들"을 형이상학의 대상으로 이해하기
시작하는 계기를 제공했다. 이와 더불어 13세기에
들어와 갑자기 열독된 위 디오니시우스의『신명론』
(De divinis nominibus) 역시 초월범주 성립의

증명 가능한 것들이 그 자체로 지성에게 알려져 있는 어떤 원리들로 소급되어야만 하는 것처럼, 어떤 것이 무엇인지를 묻는 [모든] 탐구 과정에서도 사정은 마찬가지다. 그렇지 않으면 두 경우 모두 무한소급에 빠지게 될 것이고, 이에 따라 사물에 대한 학적 앎과 인식은 전적으로 사라지게 될 것이다. 그런데 지성이 가장 자명한 것으로서 최초에 파악하는 것 그리고 모든 개념이 녹아드는 것은, 아비켄나가 『형이상학[주해]』 초두에서 말했듯이, 바로 존재자다. 따라서 지성의 모든 다른 개념들은 존재자에 대한 부가에서 파악된다. 그러나 유^{類}에 차이가 부가되는 방식 또는 기체에 우유가 부가되는 방식으로 어떤 외적인 것이 존재자에 부가될 수는 없다. 그 이유는 그 어떤 본성도 [결국] 본질적으로 존재자이기 때문이다. 따라서 아리스토텔레스는 『형이상학』 제3권에서 존재자는 유가 될 수 없다고 증명했던 것이다. 오히려 이에 따라, 존재자라는 명칭이 표현하지 않는 존재자의 양식을 어떤 것들이 표현하는 한에서, 그 양식들이 존재자에 부가되어 말해진다. 이는 두 가지 방식으로 일어난다. 첫 번째, 표현된 양식이 존재자의 특수한 양식인 경우다. 존재성^{entitas}에는 다양한 등급이 있으며, 이에 따라 다양한 존재 양식$^{modi\ essendi}$이 파악되기 때문이다. 이러한 방식에 따라 사물들의 다양한 유가 파악된다. 말하자면 실체는 존재자에 부가된 어떤 본성을 지칭하는 차이를 존재자에 부가하는 것이 아니다. 실체라는 명칭으로 표현되는 것은 어떤 특수한 존재 양식 즉 스스로 있는 것$^{per\ se\ ens}$이다. 다른 유들에

배경을 간주된다. 이러한 배경 속에서 초월범주 이론을 최초로 명시적으로 제시한 인물은 보통 상서국장 필립(Philippus Cancellarius Parisiensis, 1165/85~1236)으로 간주된다. 초월범주 개념을 설명하는데 '초월'(transcendere)이라는 용어를 처음으로 적용한 인물은 알베르투스다.

서도 사정은 마찬가지다. 둘째, 표현된 양식들이 존재자 전체를 따르는 일반적 양식인 경우다.[34]

토마스는 증명의 절차를 물으면서 논의를 시작한다. 증명이란 알고 있는 명제들을 결합해 아직 알지 못하는 명제를 새롭게 알아내는 것이다. 새롭게 알아낸 명제, 곧 증명된 명제는 이미 알던 명제, 즉 원리를 통해 '설명 가능'하다. 이는 증명된 명제가 원리로 소급되기 때문이다. 그 원리 역시 상위의 다른 원리를 통해 설명될 수 있다. 그러나 이러한 과정은 무한히 계속될 수 없으므로, 결국 다른 원리를 통해서가 아니라 그 자체로 알려지는[per se notum] — 따라서 '왜 그런데?'라는 물음이 무의미한 — 어떤 최종적인 원리들이 존재할 수밖에 없을 것이다. 예컨대 모순율이나 동일률 같은 것이 이런 원리에 해당하리라. 인간이 인간 아닌 것과 같지 않은 이유를 어떻게 증명할 수 있으며, 또 그것을 증명해야 할 이유가 도대체 왜 있겠는가.

중요한 것은 토마스가 증명에서 나타나는 '명제'의 이 소급 구조를 '개념'에도 적용한다는 사실이다. 인간이 무엇인지를 물을 때, 동물이라는 개념으로 소급하지 않을 도리가 없고, 동물이 무엇인지를

---

34 Quaestio dispitate de veritate q.1, a.1, c.
"······ sicut in demonstrabilibus oportet fieri reductionem in aliqua principia per se intellectui nota, ita investigando quid est unumquodque; alias utrobique in infinitum iretur, et sic periret omnino scientia et cognitio rerum. Illud autem quod primo intellectus concipit quasi notissimum, et in quod conceptiones omnes resolvit, est ens, ut Avicenna dicit in principio suae metaphysicae. Unde oportet quod omnes aliae conceptiones intellectus accipiantur ex additione ad ens. Sed enti non possunt

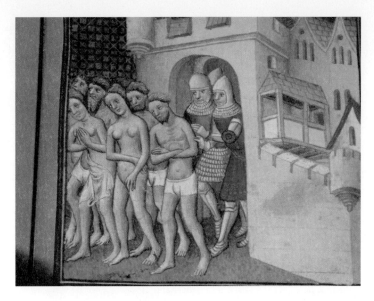

정벌군에 의해 카르카손성에서 쫓겨나는
카타리파 추종자들을 묘사한 그림.
카타리파는 12세기에서 13세기까지
남프랑스와 북이탈리아를 중심으로 전파되었던
이단으로 악의 실체성을 가르친다는 점에서
사람들은 이를 그리스도교 교의에 심각한
위협을 가하는 종파로 생각했다.
'존재하는 모든 것은 존재하는 한에서 선하다'라는
스콜라철학의 명제는 카타리파와의 투쟁이라는
배경 속에서 더 큰 이론적 중요성을 띠게 되었다.

물을 때, 생물체라는 개념으로 소급하지 않을 도리가 없다. 이처럼 '어떤 것이 무엇인가'라는 물음은 언제나, 더 근본적인 규정으로 더 이상 해소되거나 분석될 수 없는 개념으로 소급되기 마련이다. 그것이 바로 '존재자'^{있는 것}라는 개념이다. 인간이 무엇이냐고? '있는 것'이다.

마치 제일원리들이 자명한 것으로서 전제되듯이, 존재자는 가장 자명한 것으로서 최초에 파악된다. 이제 방향을 바꿔 생각해보자. 존재자를 방금 언급한 형식적 규정이 아니라 내용적으로 정의할 수는 없을까. 존재자란 무엇인가. 존재자에 모종의 술어를 덧붙이면 이 물음에 대한 답을 찾을 수 있지 않을까. 이에 대해, 존재론의 전통 안에서 토마스는 무엇을 덧붙이든 덧붙여지는 것 자체가 이미 존재자이기 때문에 존재자는 결코 유가 아니며 따라서 정의될 수 없다고 답한다. 그렇다면 우리는 존재자에 대해 과연 무엇을 알 수 있는가. 토

addi aliqua quasi extranea per modum quo
differentia additur generi, vel accidens subiecto,
quia quaelibet natura est essentialiter ens; unde
probat etiam philosophus in III Metaphys., quod
ens non potest esse genus, sed secundum hoc
aliqua dicuntur addere super ens, in quantum
exprimunt modum ipsius entis qui nomine entis
non exprimitur. Quod dupliciter contingit:
uno modo ut modus expressus sit aliquis
specialis modus entis. Sunt enim diversi gradus
entitatis, secundum quos accipiuntur diversi
modi essendi, et iuxta hos modos accipiuntur
diversa rerum genera. Substantia enim non addit
super ens aliquam differentiam, quae designet
aliquam naturam superadditam enti, sed nomine
substantiae exprimitur specialis quidam modus
essendi, scilicet per se ens; et ita est in aliis
generibus. Alio modo ita quod modus expressus
sit modus generalis consequens omne ens."

마스는 존재자라는 명칭에 아직 담겨 있지 않은 존재 양식 또는 존재 방식을 표현하는 길을 찾아보자고 제안한다. 우리는 두 가지 길을 찾을 수 있다. 첫째는 존재의 특수한 양식을 표현하는 길이고, 둘째는 존재의 일반적 양식을 표현하는 길이다. 존재의 특수한 양식은 아리스토텔레스가 말한 열 가지 범주─소위 최고류最高類─이고, 존재의 일반적 양식은 지금 우리가 말하려고 하는 초월범주다. 초월범주는 존재자가 존재자인 한에서 존재자 전체가 지니는 일반적 규정·특징·완전성이다.[35]

범주는 존재자의 특정 영역에 의미를 부여함으로써 존재자에 대한 우리의 인식 내용을 풍부하게 한다. 그런데 초월범주는 존재자의 보편적 범위에 손상을 가하지 않고 존재자 자체에 어떤 의미를 부가한다. 이런 의미에서 초월범주는 존재자 자체와 환치적이며, 서로 간에도 환치적이다.[36] 그런데 토마스는 스콜라철학 선행자들의 영향을 받아 초월범주의 체계적 분류를 시도한다. 앞선 인용문에 이어지는 다음 부분을 읽어보자.

이러한 방식은 두 가지 방식으로 이해될 수 있다. 먼저 모든 존재자를 그 자체로 따르는 방식이며, 그다음으로는 다른 [존재자]와의 관계 속에서 한 [존재자]를 따르는 방식이다. 첫 번째 방식은 또 두 가지 방식으로 일어난다. 존재자 안에서 어떤 것은 긍정적으로 표현되기도 하고 부정적으로 표현되기도 하기 때문이다. 모든 존재자 안에서 파악되는 것으로서 긍정적이고 절대적으로 진

---

35 그러므로 여기서 초월은 감각이나 경험의 조건을 넘어선다는 의미가 아니라 범주의 경계를 넘어선다는 의미다.

36 범주는 절대 그렇지 않다. 실체와 우유가 그리고 양과 질이 서로 겹치는 일은 일어나지 않는다.

술되는 것은 존재자의 '본질'—이에 따라 존재자가 존재한다고 말해진다—외에는 없다. 이렇게 해서 **사물**이라는 명칭이 존재자에 부여된다. 아비켄나가 『형이상학[주해]』 초두에서 말하는 바에 따르면, 존재자[라는 명칭이] 존재의 현실성$^{actus\ essendi}$에서 취해지는 데 비해 사물이라는 명칭은 존재자의 무엇임 또는 본질을 표현한다는 점에서 존재자와 다르다. 모든 존재자를 단적으로 따르는 부정은 비분할이다. **하나**라는 명칭은 이것을 표현한다. 하나란 분할되지 않은 존재자와 다르지 않기 때문이다.

존재자의 양식이 두 번째 방식으로, 즉 다른 [존재자]에 대한 한 [존재자]의 관계에 따라 파악되는 경우, 여기에도 두 가지 방식이 있을 수 있다. 첫 번째 방식은 다른 [존재자]에 대한 한 [존재자]의 분리에 따라 파악되는 것으로, **어떤 것**^{aliquid}이라는 명칭이 바로 이를 표현한다. 어떤 것이란 다른 어떤 것$^{aliud\ quid}$을 말하기 때문이다. 따라서 존재자가 내적으로 비분할적인 한에서 하나라고 불리는 것처럼, 다른 [존재자]와 분리되어 있는 한에서는 어떤 것이라고 불린다. 두 번째 방식은 다른 [존재자]에 대한 한 존재자의 일치에 따라 파악되는 것으로, 이는 본성적으로 모든 존재자와 일치할 수 있는 어떤 것을 가정하지 않으면 애초에 불가능하다. 그런 것은 바로 영혼으로서, 영혼은 [아리스토텔레스가] 『영혼론』 제3권에서 말하듯 특정 방식으로 모든 것이다. 그런데 영혼 안에는 인식능력과 욕구능력이 있다. 따라서 존재자와 욕구능력의 일치는 '선'좋은 것, bonum이라는 명칭으로 표현되거니와, 이는 [아리스토텔레스가] 『니코마코스 윤리학』에서 '선이란 모든 것이 욕구하는 것이다'라고 말한 것과 같다. 존재자와 지성능력의 일치는 '진'참된 것, verum이라는 명칭으로 표현된다.[37]

존재자의 일반적 존재 양식은 고립적으로, 즉 존재자 그 자체를 따르는 것으로 고찰될 수도 있고 여럿 중의 하나로 고찰될 수도 있다. 첫 번째 방식으로 존재자의 존재 양식을 고찰했을 때 주어지는 것이 사물과 하나라는 초월범주다. 그런데 두 번째 방식은 또다시 두 가지 고찰 방식으로 나뉜다. 첫째는 존재자를 다른 존재자와 분

---

37 같은 곳. "……hic modus dupliciter accipi potest: uno modo secundum quod consequitur unumquodque ens in se; alio modo secundum quod consequitur unum ens in ordine ad aliud. Si primo modo, hoc est dupliciter quia vel exprimitur in ente aliquid affirmative vel negative. Non autem invenitur aliquid affirmative dictum absolute quod possit accipi in omni ente, nisi essentia eius, secundum quam esse dicitur; et sic imponitur hoc nomen res, quod in hoc differt ab ente, secundum Avicennam in principio Metaphys., quod ens sumitur ab actu essendi, sed nomen rei exprimit quiditatem vel essentiam entis. Negatio autem consequens omne ens absolute, est indivisio; et hanc exprimit hoc nomen unum: nihil aliud enim est unum quam ens indivisum. Si autem modus entis accipiatur secundo modo, scilicet secundum ordinem unius ad alterum, hoc potest esse dupliciter. Uno modo secundum divisionem unius ab altero; et hoc exprimit hoc nomen aliquid: dicitur enim aliquid quasi aliud quid; unde

리된 것으로 고찰하는 방법이다. 이렇게 고찰했을 때 한 존재자는 다른 존재자와 다른 것으로 나타난다. 우리가 어떤 것, 즉 'etwas'나 'something'으로 옮기는 'aliquid'의 근원적인 의미가 바로 이런 '다른 것'이다. 둘째는 존재자를 다른 존재자와 분리된 것으로 고찰하지 않고 어울리는 것으로 고찰하는 방법이다. 존재자와 어울릴 수 있는 존재자, 그것이 바로 영혼이니, 모든 존재자는 영혼의 두 가지 능력, 즉 욕구능력 및 인식능력과 어울리는 한에서 각각 좋은 것과 참된 것으로 규정된다.

아름다움은 초월범주 목록에 속하지 않는다

그렇다면 아름다움은 어떨까. 아름다움 역시 이러한 초월범주의 목록에 들어갈 수 있을까. 토마스를 비롯한 스콜라철학자들이 초월범주의 체계적 목록을 구상하면서 그 목록에 명시적으로 아름다움을 올린 적은 없다. 그러나 사태 자체와 이론의 문맥을 놓고 보면, 아름다움을 초월범주의 하나로 해석할 수 있지 않을까 하는 의문이 자연스럽게 떠오른다. 앞서 말했듯이 아름다움은 모든 존재자가 지닌 규정이기 때문이다. 아름답지 않은 존재자는 없다고 하지 않았

sicut ens dicitur unum, in quantum est indivisum in se, ita dicitur aliquid, in quantum est ab aliis divisum. Alio modo secundum convenientiam unius entis ad aliud; et hoc quidem non potest esse nisi accipiatur aliquid quod natum sit convenire cum omni ente: hoc autem est anima, quae quodam modo est omnia, ut dicitur in III de anima. In anima autem est vis cognitiva et appetitiva. Convenientiam ergo entis ad appetitum exprimit hoc nomen bonum, unde in principio Ethicorum dicitur quod bonum est quod omnia appetunt. Convenientiam vero entis ad intellectum exprimit hoc nomen verum."

는가. 초월범주 이론에 대해 위 디오니시우스의 『신명론』이 미친 영향을 염두에 두면 이러한 해석의 유혹은 더 커진다. 위 디오니시우스는 『신명론』에서 아름다움을 하느님의 이름 가운데 하나로 거명하면서 모든 존재자가 하느님의 원인성에 따라 아름다움을 분유한다고 가르친다. 이런 방식으로 아름다움이란 존재론적 보편성을 지닌, 즉 초월적 성격을 지닌 존재자의 규정으로 이해될 수 있다.

에티엔 질송[Etienne Gilson, 1884~1978]이 아름다움을 "잊힌 초월범주"[forgotten transcendental]라고 불렀던 이유는 바로 여기에 있다. 질송뿐 아니라 움베르토 에코[Umberto Eco, 1932~2016]를 비롯한 많은 학자가, 아름다움은 『진리론』 제1문에서 명시적으로 거명되지 않았을 뿐 내용상으로는 초월범주의 하나로 간주해도 큰 상관이 없다는 태도를 취한다.

그러나 사태는 그렇게 단순하지 않다. 어떤 개념이 초월범주가 되기 위해 충족해야 할 기준은 과연 무엇인가. 『진리론』 제1문에서 알아낼 수 있는바, 그 기준에는 두 가지가 있다. 첫째는 존재자 자체와 환치적이어야 한다는 것, 즉 존재자 자체와 실제적으로 같아야 한다는 것이다. 둘째는 존재자에 어떤 고유한 규정을 덧붙임으로써 존재자와 개념적으로 구별되어야 한다는 것이다. 토마스의 아름다움 개념은 이 두 기준을 충족시키는가?

정확히 말하면, 토마스는 아름다움이 존재자가 아니라 '선'과 환치적이고 '선'에 어떤 의미를 덧붙인다고 말했을 뿐이다. '선과의 환치성'과 '존재자와의 환치성'은 사실상 차이가 없기 때문에 크게

도미니코회의 상징물인 백합을 들고 있는 도미니코.
그가 세운 도미니코회는 설교를 통해
카타리파를 회두하는 데 큰 활약을 했을 뿐 아니라,
알베르투스와 토마스를
비롯해 여러 중요한 스콜라철학자를 배출했다.

문제되지 않는다. 모든 존재자는 선하므로 모든 선은 아름답다는 말은 모든 존재자는 아름답다는 말과 사실상 다르지 않다. 문제는 아름다움이 존재자가 아니라 '선'에 어떤 의미를 덧붙인다는 말이 뜻하는 바다. 결론부터 말하자면, 토마스의 아름다움 개념은 이 지점에서 초월범주의 기준을 충족하지 못한다. 토마스가 초월범주의 목록에 아름다움을 포함시키지 않은 것은 단순한 부주의가 아니라 그럴 만한 이유가 있었기 때문이다.

앞에서 살펴본 것처럼, 토마스는 아름다움이 단순한 선의 의미뿐 아니라 인식능력과의 관계도 함축한다고 생각했다. 그런데 가만히 따져보면, 인식능력과의 '관계'는 어떤 의미에서 선의 개념에도 이미 함축되어 있다. 인식되지 않은 것은 욕구될 수 없다는 의미에서, 인식능력과의 관계, 즉 앎과의 관계를 전제하지 않으면 선의 개념이란 성립할 수 없기 때문이다. 욕구의 대상은 언제나 '인식된 선'bonum apprehensum이다. 선이 인식되지 않으면 선을 향한 욕구는 생겨날 수 없다.[38] 바로 그렇기 때문에 토마스의 초월범주 체계에서 선은 진을 전제할 수밖에 없는 것이다.

그러나 그렇다고 해서 아름다움이 선이 전제하는 진으로 환원될 수 있는 것은 분명 아니다. 즉 아름다움은 단순히 선이 전제하는 진 또는 인식된 선 그 이상의 어떤 것이다. 그렇다면 아름다움에 고유한 앎의 계기란 과연 무엇일까. 앞에서도 말했듯이, 그것은 아름다움의 인식apprehensio 그 자체가 적합하고 선한 것conveniens et bonum으로 간주된다는 사실이다.[39] 선은 인식되는 한에서 그 자체로 욕구의 대

---

38 *Summa contra gentiles* III, c.26, n.2092 참조할 것.

39 *Summa theologiae* II-II, q.145, a.2, ad 1
"Obiectum movens appetitum est bonum
apprehensum. Quod autem in ipsa apprehensione
apparet decorum, accipitur ut conveniens et
bonum."

상이 되며 욕구를 만족시킨다. 다시 말해 그 자체로 욕구되는 어떤 사물이 선이다. 이에 비해 아름다운 것은, 그 자체가 아니라 그것을 인식하는 일이 욕구의 대상이 되며 그러한 욕구를 만족시키는 그런 사물이다. 다시 말해 인식의 대상으로서 욕구되는 어떤 사물이 바로 아름다움이다.

인식의 두 차원

여기서 우리는 인식의 두 차원을 주의 깊게 구분할 필요가 있다. 첫째는 인식 일반이다. 지성은 사물이 존재하는 한에서 사물을 그 자체로 인식한다. 사물, 곧 존재자가 진이라고 불리는 이유는 사물이 이처럼 인식능력, 곧 지성과 관계를 맺고 있기 때문이다. 그런데 진의 개념에 내포된 이러한 인식에 비해, 아름다움의 개념에 내포된 인식은 그 자체로 대단히 특수한 '인식의 한 유형'이다. 즉 그것 자체가 욕구의 대상으로서 선하고 적합한 성격을 띠는 그러한 인식이다. 여기서 사물의 질료적 선성은 전혀 고찰할 필요가 없다. 그 자체로는 쓸모없는 것이라도 즐겁게 인식될 수 있다.

그런데 토마스는 아름다움의 인식에 대응하는 어떤 특수한 인식능력을 가정하지 않았다. 토마스는 어디에서도 일반적인 인식능력과 욕구능력 외의 어떤 제3의 능력, 예컨대 미적 직관이나 미적 경험의 능력을 말한 적이 없다. 그렇다면 아름다움의 개념에 포함된 이 특수한 인식, 즉 미적 인식은 도대체 어떻게 설명할 수 있는가. 우리는 『명제집주해』에서 이 문제에 대한 실마리를 찾을 수 있다.

『명제집주해』 제1권 제15구분에서 토마스는 인식과 선의 관계를
다음과 같이 설명한다.

> 우리는 인식에 두 가지 차원이 있음을 알고 있다. 첫째, 지성적
> 인식이 진을 향하는 한에서. 둘째, 지성적 인식이 진을 적합하고
> 선한 것으로 받아들이는 한에서. 그리고 특별한 저항 요소가 존
> 재하지 않는다면, 그러한 [두 번째의] 인식에서부터 사랑과 기쁨
> 이 따르게 된다.[40]

이 구절에서 토마스는 인식의 두 차원을 구분하고 있다. 인식은
진을 향하기도 하며, 진을 적합하고 선한 것으로 수용하기도 한다.
첫 번째 인식의 차원은 인식능력으로서의 지성이 사물의 진성眞性
과 맺는 단적인 관계를 반영한다. 두 번째 인식의 차원은 사물의 진
성 자체가 선인 한에서 그것과 맺는 관계를 반영한다. 두 번째 인식
은 정서적 계기를 포함한 인식, 다시 말해 인식 대상의 특정한 좋은
점에 이끌리는 인식을 말한다. 우리가 이러한 인식을 할 때, 우리는
사랑과 기쁨을 느끼게 된다.[41] 이 두 번째 유형의 인식에서는 존재
자가 지닌 진으로서의 진의 성격이 아니라 선으로서의 진의 성격이
문제가 된다. 즉 진이 선의 의미를 지니는 한에서 그러한 진에 대

---

40 *In I Sent.*, d.15, q.4, a.1, ad 3. "videmus autem
   in cognitione duos gradus. Primum,
   secundum quod cognitio intellectiva tendit
   in verum. Secundum, prout verum accipit ut
   conveniens et bonum, et nisi sit aliqua
   resistentia ex tali cognitione sequitur amor et
   delectatio."

41 *Com. theol.* I, c.165. "Ex apprehensione
   convenientis, delectatio generatur, sicut visus
   delectatur in pulchris coloribus."

해 생겨나는 '정서적 인식'cognitio affectiva 말이다. 『명제집주해』의 다른 부분에서 토마스는 이러한 인식에서 "진이 선으로 확장된다"고 표현한다.[42] 아름다움의 개념에 포함된 인식이 이 두 번째의 인식과 동일한 것이기 때문에, '선으로의 진의 확장'extension of the true이라는 토마스의 표현을 통해 우리는 아름다움의 위치를 비로소 확인할 수 있게 된다. 아름다움은 선으로 확장된 진 또는 선으로서 받아들여진 진이다. 이것이 바로 토마스의 초월범주 체계 내에서 아름다움이 차지하는 위치다.[43]

우리가 아름다움의 개념을 선으로 확장된 진으로 이해하는 한, 아름다움은 독자적인 초월범주로서의 지위를 지니지 못한다. 아름다움은 존재자 자체에 어떤 개념을 덧붙이지 않는다. 아름다움이 초월범주이기 위해서는 존재자 자체에 덧붙일 수 있는 어떤 개념, 즉 진과 선이라는 기존의 초월범주와 구분되는 어떤 고유한 의미 내용이 있어야만 한다. 이것이 앞서 우리가 언급했던 초월범주의 한 기준이었다. 그러나 아름다움은 이 기준을 충족시키지 못한다.

이는 토마스가 아름다움에 해당하는 어떤 독자적인 능력을 영혼 안에 설정하지 않는다는 것과 밀접한 관련이 있다. 아마 근대미학의 취미론자들이라면 이 점이 못마땅했을 것이다. 토마스에게 진과 선은 모두 관계적 초월범주다. 다시 말해 존재자가 영혼과 특정 방식으로 관계를 맺을 수 있는 한에서 그 영혼의 능력들에 대응하는 것으로 상정되는 초월범주다. 진은 존재자와 인식능력의 일치성을 나타내고 선은 존재자와 욕구능력의 일치성을 나타낸다. 그러나

42 *In I Sent.*, s.27, q.2, a.1 "Et quia potest esse duplex intuitus, vel veri simpliciter, vel ulterius secundum quod verum extenditur in bonum et conveniens"

43 Aertsen, *Medieval Philosophy and the Transcendentals*, p.358 참조할 것.

토마스는 아름다움과 일치하는 독자적인 영혼능력을 가정하지 않는다. 아름다움은 인식능력과 욕구능력의 관계 속에서 충분히 설명될 수 있기 때문이다. 사태가 이러한 이유는 원칙적으로 인식능력과 욕구능력이 존재하는 모든 것에 닿기 때문이다. 지성과 의지의 대상, 즉 진과 선은 제한되어 있는 것이 아니다. 진과 선이 무한하다면, 그것들은 무한한 지평에서 서로를 포함할 수밖에 없다. 진과 선의 상호 포괄성, 그것이 아름다움의 의미가 진과 선의 관계로 존재할 수 있는—정확히 말하면 진과 선의 관계로 존재할 수밖에 없는—근본적인 이유다.

5 색채와 조화를 통합하는 아름다움

요한네스 둔스 스코투스

현묘한 박사

철학사에는 수많은 천재가 있지만 그 가운데 요한네스 둔스 스코투스Johannes Duns Scotus, 1225~74는 가장 심각한 천재에 속한다. 교황 레오 13세가 토마스를 위해 1879년에 반포한 회칙 「영원하신 아버지」를 잠시 떠올려보자. 이 회칙에서 교황은 토마스가 다른 모든 스콜라철학자보다 "더 뛰어나다"고 못 박으면서 그를 공부하라고 촉구했다. 그 결과 세계 각지에서 토미즘 연구가 불붙은 듯이 타올랐다. 그런데 이 회칙의 소중한 가치와 상관없이 우리가 한 가지 잊지 말아야 할 것이 있다. 이 회칙에도 불구하고 스코투스가 토마스보다 더 뛰어나다는 판단을 결코 수정하지 않았던 신학자가 수없이 많았다는 사실이다. 심지어 토마스가 더 뛰어나다고 생각하는 그룹에 속하는 질송조차도 이런 말을 했다. "스코투스를 비웃었던 저술가 가운데 3분의 2는 그의 글을 읽어본 적이 없는 사람들이고, 3분의 1은 그를 이해하지 못한 사람들이다."[1] 스코투스의 범주론에 대해 교수자격논문을 썼던 하이데거는 '시대의 개막자' 역할을 한 사

---

1   김현태, 『둔스 스코투스의 철학 사상』,
    가톨릭대학교출판부, 1994, viii에서 재인용.

람은 토마스가 아니라 스코투스였다는 생각을 고수했다.

누가 누구보다 뛰어나다는 식의 말을 하려면 그 말의 의미를 먼저 확정해야 하기 때문에 쉽사리 이렇다 저렇다 말하기가 어렵다. 하지만 적어도 스코투스가 토마스보다 훨씬 더 '어렵다' — 현묘^{玄妙}하다 — 는 것은 분명하다. 기존 체계를 비판적으로 통합하는 데 창의성을 발휘했던 토마스에 비해, 스코투스는 그때까지 없던 것을 새롭게 만들어내는 데 창의성을 발휘했다. 그는 존재의 일의성·형상적 구별·이성적 능력으로서의 의지·신적 의지의 우연성 같은 관점과 개념을 만들어냈다. 또한 그는 최초로 마리마의 무염시태교리를 철학적으로 옹호함으로써 '마리아적 박사'^{doctor marinani}라는 별칭을 얻었다. 이는 '현묘한 박사'^{doctor subtilis}와 더불어 그를 설명해주는 대표적인 별칭이다.

스코투스는 1265년 말 또는 1266년 초에 스코틀랜드의 막스톤 근처 둔스 마을에서 태어났다. 프란치스코회 수도자였던 삼촌의 안내로 1278년경 둠프리스에 있는 프란치스코회 수도원학교에 들어갔으며, 15세에 자연스럽게 프란치스코회에 입회한다. 옥스퍼드대학에서 공부하다가 25세가 되던 해인 1291년 3월 17일에 사제 서품을 받았고, 이후 평생을 옥스퍼드대학과 케임브리지대학 그리고 파리대학을 오가면서 교수 생활을 했다. 1307년에는 쾰른의 프란치스코회 신학원에서 가르쳤으며, 그 이듬해 11월 8일 43세의 나이로 서거했다. 쾰른의 작은형제회 성당에 있는 그의 묘비에는 다음과 같이 기록되어 있다. "스코틀랜드는 나를 낳았고 잉글랜드는 나를

스코투스. 현묘한 박사 스코투스는
오컴의 윌리엄(William of Ockham, 1287~1347)과
더불어 중세 후기 스콜라철학의 가장 위대한 거장이었다.
그림 속에서 그가 읽고 있는 책은
헨리쿠스 간다벤시스(Henricus Gandavensis,
1217~93)의 저서일 가능성이 크다.

받아들였으며 갈리아는 나를 가르쳤고 쾰른은 나를 품어준다"[Scotia me genuit, Anglia me suscepit, Galia me docuit, Colonia me tenet].

비례의 미학자

그렇다면 미학사에서 스코투스는 어떤 위치에 있는가. 빛의 미학과 비례의 미학이라는 고대미학사와 중세미학사의 두 전통을 고려해보면, 스코투스는 일차적으로 비례미학 전통에서 두각을 드러내는 학자다. 그의 미학적 논의는 빛이나 명료성 같은 개념도 고려하고 있으나 그 중심에는 언제나 아름다움을 비례나 조화의 관계로 규정하려는 태도가 있다.[2] 다른 대부분 스콜라철학자와 마찬가지로 스코투스 역시 아름다움을 독립적으로 다룬 적이 없으며 아름다움에 대해 그리 많이 언급하지도 않았다. 그러나 비록 단편적이고 미비할지라도 아름다움에 대한 그의 언급들은 그가 비례나 조화 같은 전통적 미 개념을 매우 철저하고 엄밀한 사변적 성찰을 통해 계승하고 있음을 보여준다.

스코투스는 기본적으로 아름다움을 적합성[convenientia]이라는 관계 개념으로 파악한다. 정확히 말하면 그는 아름다움을 '적합의 통합성'[integritas convenientiae] 또는 '통합적 적합성'[convenientia integra]이라고 이

---

2 스코투스 미학의 이 기본적인 특징은 타타르키비츠나 에드가 드브륀(Edgar de Bruyne, 1898~1959)의 중세미학사뿐 아니라 코바치의 고전적 연구에서 끊임없이 지적되어 왔다.
W. Tatarkiewicz, *History of Aesthetics*, vol.2, Mouton, 1970, pp.271~279; E. de Bruyne, *Etudes d'esthétique médiévale*, vol.2, Albin Michel, 1998, pp.347~370; F. Kovach, "Divine and Human Beauty in Duns Scotus' Philosophy and Theology," *Studia Scolastico Scotistica* 5, Societas Internationalis Scotistica, 1972, pp.445~459.

해한다. 이는 적합한 요소의 총합이, 정확히 말하면 사물에 적합하게 귀속되어 있는 요소들의 관계를 총합한 것이 아름다움이라는 뜻이다. 스코투스에 따르면, 아름다움은 어떤 사물에 마땅히 속해야 하는 여러 요소가 그 사물의 본성에 적합한 방식으로 그 사물에 속할 때, 그 사물에 대해 진술되는 술어다. 그러므로 어떤 사물이 자신이 마땅히 지녀야 할 요소 가운데 어느 하나라도 제대로 갖추고 있지 못하거나 갖추고 있더라도 본성의 한도를 벗어나 있는 경우에는 아름다움이 성립하지 않는다.

스코투스는 아름다움이 그 자체로 존립하는 절대적 성질임을 부인하고, '총체'라는 집합적 개념을 명시적으로 사용해 아름다움을 정의했을 뿐 아니라, 선 개념의 정밀한 존재론적 분석에 기초해 도덕적 선과의 유비 속에서 아름다움을 우유적 선의 일종으로 규정함으로써 중요한 미학적 공헌을 했다. 또한 이전의 비례미학 전통에서 부가적이고 이질적인 요인으로 취급되었던 색채를 적합성의 개념 속에 포섭시켜 이해했다는 점에서도 미학적 공헌을 했다. 그는 단순히 지각가능성이 아니라 개별 물체에 대한 적합성의 관점에서 색채의 아름다움을 이해함으로써, 색채의 아름다움과 조화의 아름다움을 분리해 사유했다. 이렇게 함으로써 스코투스는 물체의 아름다움을 색채와 비례라는 상호이질적 개념으로 설명하던 아우구스티누스 이래의 오랜 절충적 설명을 극복할 수 있었다. 빛의 미학이 잘 설명할 수 있는 영역이 있고 비례미학이 잘 설명할 수 있는 영역이 있었는데, 색채의 아름다움은 전통적으로 빛의 미학이 잘 설명할 수 있는 영역으로 간주되어왔다. 말하자면 스코투스 버전의 비례의 아름다움 개념, 즉 통합적 적합성으로서의 아름다움 개념은, 비례의 미학이 빛의 미학으로 영역을 더 확장하는 양태를 보여준다. 스코투스는 색채의 현상을 비례미학의 개념적 자산인 적합성의 견지에서 이해하기 때문이다.

본질적 선

스코투스의 아름다움 개념은 선에 대한 윤리학적 논의, 더 정확히 말하면 도덕적 선에 대한 논의에서 나타난다. 그러므로 스코투스의 아름다움 개념을 이해하기 위해서는 선 개념에 대한 그의 윤리학적 논의를 파악해야 한다.

다른 스콜라철학자들과 마찬가지로 스코투스는 선을 완전성과 동일한 의미로 파악한다. 그런데 스코투스는 선 또는 완전성에 기본적으로 두 가지 차원이 있다고 생각한다. 첫째는 한 존재자가 그 존재자인 한에서 지니는 어떤 본질적 완전성이다. 모든 존재자는 바로 이를 결여하고 있지 않다는 의미에서 선하다고 불린다. 예컨대 한 인간이 인간으로서 존재하려면 그 사람은 인간의 형상forma을 지녀야 한다. 인간은 이 형상을 결여하고 있지 않기 때문에, 인간으로서 존재한다는 의미에서 '선하다'고 불린다. 인간으로서 존재한다는 사실 자체가 인간에게는 어떤 본질적인 선이다. 이 첫 번째 의미의 선은, 우리가 앞 장에서 살펴보았던 초월범주로서의 선이다. 이것은 존재자와 환치되는 선이다.[3] 스코투스는 이런 의미의 선을

---

3 이런 선 개념은 보에티우스의 『데헵도마디부스』에서 최초로 명시적으로 나타난다. Boethius, *De hebdomadibus*, PL 64, col.1312A, "……omnia, in eo quod sunt, bona sunt"(모든 것은 존재한다는 그 점에서 선하다). 그러나 이 개념이 보편적으로 통용되는 것은 13세기 스콜라철학에서 초월범주

스코투스의 고향 막스톤에 있는 흉상.

본질적 선bonitas essentialis 또는 '일차적 선'bonitas primaria이라고 부른다.

이 선은 결여를 적극적으로 부정한다는 것을 의미하기 때문에 감소나 결여 상태를 받아들일 수 없다. 이것이 스코투스가 강조하는 본질적 선의 특징이다.

> 본질적 선이라고 불리는 존재자의 일차적 선은 존재자 자체의 온전성 또는 완전성이며, 불완전성의 부정을 적극적으로 의미하기에 감소와 불완전성은 배제된다.[4]

이는 일차적 선이 어떤 등급이나 정도를 받아들이지 않는 균일한 완전성을 뜻한다는 말이 아니다. 스코투스는 창조의 질서 속에서 각 존재자가 상이한 정도로 완전성을 지닌다는 것을 부정하지 않는다. 가령 한갓 돌덩어리보다는 고양이가 더 완전하고, 고양이보다는 인간이 더 완전하지 않은가. 돌과 고양이와 인간 모두 일차적으로 물체로서 존재하지만, 고양이에게는 돌이 지니지 못한 감각능력이 있고 인간에게는 고양이가 지니지 못한 이성이 있으니까 말이다. 스코투스는 이런 의미에서, 고양이가 돌보다 더 고차적 완전성을 지니고 고양이의 완전성보다 인간의 완전성이 더 충만하다고 본

이론이 체계화되면서부터다. 이 개념에 대한 13세기 초월범주 이론의 전형적 논의방식은 이미 알렉산더 할렌시스(Alexander Halensis, 1182~1245)의 『신학대전』에서 찾을 수 있다.
Alexander Halensis, Summa theologica pars.1, Inq.1, tract.3, q.3, c.1, a.1.

4 *Quodlibet* q.18 (A. Wolter, *Duns Scotus on the Will and Morality*, CUA Press, 1986, p.210).
"……bonitas primaria entis, quae dicitur bonitas essentialis, est integritas vel perfectio entitatis in se, importat positive negationem imperfectionis, per quod excluduntur diminutio et imperfectio."

다. 따라서 그는 인간이 더 충만한 완전성을 지닌 데 비해 돌과 고양이에게 특수한 결여가 속한다는 것을 전혀 부정하지 않는다.

그러나 이렇게 생각해보자. 어떤 종적 완전성들 간의 위계질서가 아니라 사물의 종적 존재 자체를 놓고 볼 때, 다시 말해 고양이와 인간의 완전성 사이의 차이가 아니라 고양이 사이의 개체적 완전성을 놓고 볼 때, 지금 말하는 일차적 선이 어떤 감소나 결여와도 섞일 수 없음은 분명하다. 말하자면 고양이가 고양이로 존재하는 한, 설사 한 고양이가 다른 고양이보다 더 건강하고 더 민첩하다 한들, 그것 때문에 이 고양이가 '더' 고양이이고 저 고양이가 '덜' 고양이라고 말할 수 없기 때문이다. 마찬가지로 인간이 인간으로 존재하는 한, 설사 개인 간의 신체적 능력이나 심리적 덕의 차이가 아무리 크다고 한들, 그것 때문에 누가 '더' 인간이고 누가 '덜' 인간이라고 진술할 수는 없다. 혹시 정신 나간 사회진화론자나 인종주의자라면 또는 악의 실체성을 가정했던 13세기의 카타리파 신도라면, 이와 비슷한 진술을 하고 싶은 유혹을 느낄지 모르겠지만 말이다.

이 점에서 스코투스는—토마스도 마찬가지지만—지극히 정상적이고 평범한 생각을 하는 사람들이 동의할 수 있는 가르침을 편다. 고양이는 고양이인 한에서 선하다. '~인 것은 ~인 한에서 선하다.' 따라서 흔히 악이라고 불리는 결여는 이러한 첫 번째 의미의 선에 깃들 수 없다. 더 정확히 말하면, 일차적 선은 결코 악의 주체 subiectum가 될 수 없다. '존재의 결여'가 어떻게 '존재'할 수 있겠으며, 선의 결여가 어떻게 또 선할 수 있겠는가. 마찬가지로 일차적 선은 자신 아닌 다른 것을 주체로 삼아 존재하는 것이 아니다. 다시 말해 그것은 어떤 귀속 관계를 함축하는 개념이 아니다. 여기서 말하는 선은 존재자가 존재하는 한에서 지니는 가치이지, 한 존재자가 다른 어떤 것에 속하기 때문에 비로소 지니게 되는 가치가 아니기 때문이다.

우유적 선

일차적 선과 이차적 선의 차이가 분명하게 나타나는 지점이 바로 여기다. 두 번째 의미의 선, 곧 이차적 선은 예컨대 인간이라는 주체에 갈색이라는 우유가 속하는 것처럼 주체와 부속물의 관계를 함축하는 개념이다. 이런 의미에서 스코투스는 이 선을 **우유적 선** 또는 '[그 자체가 존재성을 형성하는 것이 아니라] 존재성에 수반되는 선'bonitas superveniens entitati이라고 부른다. 우리가 구체적인 자연의 수준에서 경험하는 선 그리고 자연 사물들의 다양성을 표현하기 위해 사용하는 선 개념이 바로 이에 해당한다.[5] 이런 의미에서는 같은 종적 사물들 사이에서 더 좋고더 완전하고 덜 좋은덜 완전한 정도를 얼마든지 따질 수 있다. 가령 눈은 존재하는 한에서 똑같이 좋지만선하지만, 난시가 없는 눈이 난시가 있는 눈보다 더 '좋은' 눈이지 않은가. 또한 고양이가 개보다 쥐를 잡는 데 더 '좋은' 동물인 것처럼, 게으르고 굼뜬 저 고양이보다 민첩하고 영리한 이 고양이가 쥐를 잡는 데 더 '좋은' 고양이이지 않은가. 우유적 선에 대한 스코투스의 진술을 들어보자.

---

5 따라서 이 선은 '자연적 선' 또는 '자연적 완전성'
이라고도 불린다. 이에 대응해 일차적 선은 '초월적 선'
또는 '초월적 완전성'이라고도 불린다. A. Wolter,
"Native Freedom of the Will as a Key to the
Ethics of Scotus," *The Philosophical Theology of
John Duns Scotus*, p.159; Williams 339~340.

존재자의 더 큰 이차적 선은 존재자에게 우유적인 것 또는 존재자에 수반되는 것으로서, 자신이 응당 속해야 할 다른 것에 대한 자신의 온전한 적합성(또는 적합의 온전성) 또는 자신에 응당 속해야 할 다른 것의 온전한 적합성(또는 적합의 온전성)을 뜻한다.[6]

이처럼 스코투스는 특유의 정밀한 사변으로 우유적 선 안에서 또 한 번 세부적으로 개념을 구분해낸다. 먼저 우유적 선은 어떤 존재자[부속물 또는 우유적 형상]가 자신이 마땅히 속해야 할 다른 것[주체]에 속했을 때 **그 존재자의 적합성**convenientia[7]을 가리키기도 한다. 예컨대 우리는 건강을 소유한 사람에 대해서도 그리고 그 사람이 소유한 건강에 대해서도 '좋다'라는 말을 사용한다. 여기서 스코투스가 말하려는 용법은 후자다. 건강은 인간에게 적합하기 때문에, 어떤 사람이 건강을 지닐 경우 건강은 그 사람에게 선이라고 말할 수 있다. 스코투스는 이러한 용례를 아우구스티누스의 『삼위일체론』에서 찾는다. "이에 대한 예는 아우구스티누스의 『삼위일체론』 제8권에서 찾아볼 수 있다. 그는 '고통이나 피로 없는 강건함이 선이다'라고 말하는데, 이는 첫 번째 적합성의 예다. 강건함은 인간에게 적합하

---

6 *Quodlibet* q.18 (Wolter, WM, 210). "······ maior bonitas entis secundaria, quae est accidentalis sive superveniens entitati, est integritas convenientiae vel integra convenientia eius alteri cui debet convenire vel alterius sibi quod debet sibi convenire."

7 여기서 우리는 적합성이라는 말을—예를 들어 '안성맞춤' 같은 한국어 표현이 드러내는—'적절성' 이나 '유용성' 같은 기능적 의미로만 이해해서는 안 된다. 오히려 우리는 이 말을, 'convenientia'라는 원어가 비롯된 'convenire'의 본뜻 그대로, '함께 옴' '속해야 할 것이 속함' '마땅한 귀속'이라는 근본적 의미를 염두에 두고 이해해야 한다.

기 때문에 인간에게 좋은 것이니까 말이다."[8]

다른 한편 우유적 선은 어떤 존재자^{주체}에 마땅히 속해야 할 다른 것^{부속물 또는 우유적 형상}이 그 존재자에 속했을 때 **그 다른 것의 적합성**을 가리키기도 한다. 이런 의미에서는, 주체의 측면에서 타자인 부속물이 아니라 주체인 존재자 자체가 선하다고 말해진다. 예를 들면 인간이라는 존재자에 건강이라는 부속물이 속했을 때, 건강이 속하는 그 인간에 대해 '좋다'라는 말을 사용하는 경우다. 또 다른 예를 들어보자. 사람들은 어떤 음식이 적합한 맛을 갖추고 있을 때 그 음식을 좋은 음식이라고 말할 것이다. 이 경우 사용되는 것도 우유적 선의 두 번째 의미다. 스코투스는 이 두 번째 의미를 설명하기 위해 다시 아우구스티누스의 같은 저작을 인용한다. "아우구스티누스는 '이목구비가 균형 있고 활기찬 기운이 있으며 혈색이 밝은 사람의 얼굴이 선이다'라고 덧붙이는데, 이는 두 번째 적합성의 예다. 그러한 얼굴은 자신에게 적합한 요소들을 소유하기 때문에 좋은 것이라고 불리기 때문이다."[9]

우리는 우유적 선 내부의 이러한 구분이 진술 방식에 대한 스코투스의 분석에 따른 것임을 쉽게 알 수 있다. 스코투스는 적합 또는 귀속의 관계성이라는 우유적 선의 개념적 기초에서, 명명 작

---

8 같은 곳. "Exemplum utriusque haberi potest ab
   Augustino VIII De Trinitate: 'Bona' inquit
   'valetudo sine doloribus et lassitudine'; hoc pro
   primo membro, quia valetudo est bona homini,
   quia est ei conveniens."; Augustinus,
   De Trinitate VIII, 3, 4.

9 같은 곳. "Et dubdit Augustinus: 'Et bona facies
   hominis dimensa pariliter, et affecta hilariter,
   et luculenter colorata'; hoc pro secundo
   membro, quia talis facies dicitur bona, habendo
   illa quae conveniunt."

용^{denominatio}이 두 가지 방식으로 생겨날 수 있음에 주목한다. 한 가지 방식은 선의 명칭이 주체에서 비롯되어 우유적 형상^{부속물}을 진술하는 경우―건강이 인간적 선이기 때문에 인간에 대해 선이라 말하는 경우―다. 또 다른 방식은 반대로 선의 명칭이 우유적 형상에서 비롯되어 주체를 진술하는 경우―갖춰야 할 맛을 갖추고 있는 음식이 좋은 음식이라고 말하는 경우―다. 스코투스는 이 가운데 두 번째 진술 방식을 어떤 것이 "명칭적으로 또는 현실적으로"^{denominative vel actualiter} 선이라고 불리는 방식이라고 말한다.[10] 명명 작용의 본래적 의미에서 어떤 것이 선이라는 술어로 명명된다는 것은, 어떤 것이 타자에 대한 귀속성 때문에 선이라고 말해지는 것이 아니라, 그것에 대한 타자의 귀속성 때문에 그 자체가 선이라고 말해지는 것이기 때문이다.

도덕적 선은 행위의 완전성이다

자, 그렇다면 윤리학이 다루는 도덕적 선은 지금까지 논의한 선 개념의 구분 가운데 어디에 속할까. 일단 도덕적 선이 일차적 또는 본질적 선과 무관하다는 것은 분명하다. 앞서 말한 바와 같이, 일차적 선은―'사물은 존재하는 한에서 선하다'라는 말에서 드러나

10 같은 곳. "……illud quidem quod conveniens est alicui dicitur illi bonum, hoc est, illi perfectio vel bonitas, sed non dicitur denominative vel actualiter in se bonum. Illud autem, cui aliquid convenit, dicitur denominative bonum eo quod habet illud quod sibi convenit, et est denominatio quasi formae a subiecto, sicut anima dicitur 'humana', sic aliquid dicitur bonum homini, quia bonum 'humanum'. Sed econverso est denominatio subiecti a forma, cum 'homo' dicitur 'bonus' secundum illud bonum suum."

쾰른의 작은형제회 성당에 있는 스코투스의 석묘.

듯—한 존재자가 존재하는 한 소멸될 수 없으며 언제나 동일하게 유지되는 것인데, 도덕적 선은 전혀 그런 것이 아니기 때문이다. 즉 도덕적 선이란—마치 존재가 비존재에 대립하듯이—단순히 '선하지 않음'의 모순적 대립을 의미하는 것이 아니다. 도덕적 선은 그 자체가 적극적 실재성을 지니는 것으로 간주되어야 할 '(도덕적) 악'의 상반적 대립을 의미한다. 그리하여 도덕적 선이 속해야 할 곳은, 존재자에 그것이 결여되어 있더라도 존재자가 얼마든지 존재할 수 있는 그런 선, 곧 우유적 선^{자연적 선}이다.

스코투스 윤리학의 특징이 선명하게 드러나는 지점은, 스코투스가 도덕적 선을 **우유적 선 중에서도 두 번째 종류의 우유적 선**에 속한다고 강조하는 대목이다. 도덕적 선은 기본적으로 인간의 '행위'에 속하는 특정한 질로서 인간 행위의 완전성이라고 할 수 있다. 그런데 우리는 도덕적 질을 지니는 행위를 인간이라는 행위 주체^{subiectum}에 속하는 우유적 형상으로 파악할 수도 있고, 그 자체가 자신에게 적합한 우유적 형상—적합한 행위 대상·목적·방식·의지의 강도—등을 갖춰야 하는 일종의 주체로 파악할 수도 있다. 만일 우리가 첫 번째 관점을 취한다면, 도덕적 선은—예컨대 건강처럼—인간이 자연적 완전성에 도달하기 위해 마땅히 갖춰야 할 어떤 요소, 즉 인간에게 속함으로써 인간의 자연적 완전성을 구성하는 어떤 속성을 의미하게 된다. 스코투스는 아리스토텔레스 이래로 보통 행복이라 불리는 인간의 자연적 완전성과 행위의 도덕성을 연결하는 이러한 관점을 절대 받아들이지 않는다. 그가 보기에 행위의 완전성과 인간의 완전성은 무관하다. 도덕적 선은 행위 주체에 대한 행위의 관계가 아니라 행위 자체에 대한 행위 요소들의 관계에서 성립하기 때문이다. [11]

도덕적 선의 유비

지금까지의 논의에서 드러난 것처럼, 스코투스는 윤리학이 문제 삼는 선, 곧 도덕적 행위의 선을 어떤 행위가 마땅히 갖춰야 할 적합한 요소들을 모두 갖추었을 때, 그 행위를 진술하는 술어로 간주한다. 즉 도덕적 선은 행위에 수반되는 적합한 요소들에서 비롯되어 (요소들의 주체인) 행위 자체를 진술하는 명칭이다. 스코투스의 아름다움 개념은 바로 이러한 도덕적 선의 유비로서 등장한다. 이 유비가 분명히 드러나는 곳은 『정리집』 제1권 제17구분과 『정리집』 제2권 제40구분이다.

아름다움이 아름다운 물체 안의 어떤 절대적 성질이 아니라 그 물체에 속하는 모든 것(예컨대 크기·형태·색채)의 총체인 것처럼, 도덕적 행위의 선은 어울려야 할 모든 요소에 대해(예컨대 능

---

[11] 이 책의 범위가 아닐지라도 논의의 이론적 맥락을 조망한다는 차원에서 스코투스의 윤리학적 사고의 특징을 간략히 소개하자면 다음과 같다. 일단 그는 도덕적으로 선한 행위를 하는 사람이 반드시 행복 하리라는 보장이 있는 것도 아니라고 생각한다. 또한 행복을 성취한 사람이 반드시 도덕적 선을 구현하고 있으리라는 법도 없다고 생각한다. 더 나아가 그는 도덕적 선과 행복의 개념 사이에 민감한 긴장 관계를 설정한다. 즉 도덕적 선과 악의 기준이 행복에 대한 의지의 태도─곧 '나의 행복'을 원할 것인가, '행복 그 자체'를 원할 것인가─에 있다는 것이다. 이러한 사고에 따르면, 나의 행복을 궁극적 목적으로 추구 하는 행위는 도덕적으로 악한 행위가 된다.

14세기 파리대학 교수회의 모습을 그린 그림.
1215년 설립된 파리대학은
교육제도 개편으로 1968년 해체될 때까지
프랑스에서 가장 오래된 대학으로
명성이 높았다.

력·대상·목적·시간·장소에 대한) 응당한 비례의 총체를 포함하고 있는 도덕적 행위의 우아함이다.[12]

물체 안의 아름다움이 그 물체에 그리고 상호 간에 적합한 모든 요소, 즉 크기·색채·형태(아우구스티누스가『삼위일체론』제8권 제4장에서 말하려고 하는 것처럼) 등의 총체에서 비롯되는 것처럼, 자연적 선—존재자와 환치되는 선이 아니라 악을 대립자로 갖는 선—은, 어떤 사물의 이차적 완전성, 즉 그 사물에 그리고 상호 간에 적합한 요소들이 통합된 이차적 완전성이다. '선은 완전하고 통합적인 원인에서 비롯된다'는 위 디오뉘시우스의 말에 따르면, 그 모든 것이 함께 일어날 때 완전한 선성이 존재하게 된다. 그러나 그것들이 결여된 채 그것들로 완성될 수 있는 본성을 지닌 사물이 남아 있을 때, 그 본성은 완전하게 악한 본성이 된다. 그것 가운데[일부의] 어떤 것만 삭제되도 악이 존재하게 되지만 이는 완전하지 않은 악이다. 이는 물체 안에 있는 미와 추에서 볼 수 있는 바와 마찬가지다.[13]

이 인용문들은 스코투스 미학의 핵심 전거인 만큼 자세히 분석해

---

12 *Ordinatio* I, d.17, pars 1, q.1~2, n.62(Vatican 5, p.163~164). "Sicut pulchritudo non est aliqua qualitas absoluta in corpore pulchro, sed est aggregatio omnium convenientium tali corpori (puta magnitudinis, figurae et coloris), et aggregatio etiam omnium respectuum (qui sunt istorum ad corpus et ad se invicem), ita bonitas moralis actus est quidam decor illius actus, includens aggregationem debitae proportionis ad omnia ad quae habet proportionari (puta ad potentiam, ad obiectum, ad finem, ad tempus, ad locum et ad modum)."

볼 필요가 있다. 여기서 우리는 스코투스가 아름다움을 사물의 '이차적 완전성'으로 간주한다는 것을 알 수 있다. 그가 여기서 문제 삼는 아름다움은, 존재자가 존재자인 한에서 지니는 어떤 완전성이 아니라 존재자에 부수적으로 속하는 완전성, 곧 증감과 소멸을 겪는 완전성이다. 선이 존재자 자체와 환치적인 선^{본질적 선}과 존재자의 부수적 속성으로서의 선^{우유적 선}으로 구별되는 것처럼, 아름다움 역시 두 차원으로 구별될 수 있다. 앞 장에서 살펴보았듯이, 토마스가 『신학대전』 제1부 제5문에서 존재자 자체의 의미로서 선을 설명하며 '선과 아름다움은 주체에서 동일하다'고 말했을 때, 그는 존재자 자체와 환치적인 아름다움의 개념을 말한 것이다. 거기서 토마스는 모든 존재자는 존재한다는 바로 그 이유만으로 아름답다는 사실을 지적하려고 했다. 토마스뿐 아니라 당시까지 모든 스콜라철학자가 창조론이라는 신학적 배경 속에서 존재자 일반의 특징으로 규정하고 해명하려고 했던 것이 바로 이 초월범주적 아름다움의 개념이었다.

13 Ordinatio II, d.40, q.1. Utrum omnis actus sit bonus ex fine (Wolter, WM, p.224). "…… sicut in corpore pulchritudo est ex aggregatione omnium convenientium illi corpori et inter se, puta quantitatis, coloris et figurae (sicut vult Augustinus VIII De Trinitate 4: ⟨Bona facies⟩ etc.), ita bonitas naturalis—non illa quae convertitur cum ente, sed illa quae habet malum oppositum—est perfectio secunda alicuius rei, integra ex omnibus convenientibus sibi et sibi invicem. Et omnibus illis concurrentibus est perfecta bonitas, iuxta illud Dionysii 'bonum est ex perfecta causa et integra'; omnibus autem deficientibus illis, et natura stante quae nata esset perfici illis, est perfecte mala; quibusdam subtractis, est malitia, sed non perfecta,—sicut de pulchritudine et turpitudine in corpore."

스코투스는 초월범주적 아름다움의 개념에 그다지 특별한 관심을 기울이지 않는다. 아름다움의 개념을 다루며 그가 주목하는 것은, 존재자 일반의 일차적 완전성으로서의 아름다움이 아니라 이미 존재하는 사물을 부가적으로 더 완전하게 만들어주는 모종의 속성, 즉 사물에 따라 더 지닐 수도 덜 지닐 수도 있으며 통상적으로 '추'의 대립물로 간주되는 속성, 바로 그것이다.[14]

우리가 통상적으로 이해하는 '미학적 아름다움'beauty in aesthetical sense은 한 사물이 존재하는 한 소멸될 수 없고 언제나 동일하게 유지되는 그리고 같은 종에 속하는 모든 개별자에게 동등한 정도로 속하는 그런 아름다움—초월범주적 또는 본질적 아름다움—이 아니다. 미학적 평가와 미적 지각의 대상이 되는 아름다움은 대립적 속성추을 전제하며 정도의 변화를 겪을 수 있는 아름다움, 곧 사물의 존재에 수반되는 속성으로서의 아름다움이다. 도덕적 선의 유비 속에서 스코투스가 부각하는 것이 바로 이 아름다움의 개념이다. 더 자세히 규정하면, 스코투스에게 아름다움은—도덕적 선이 정확히 그러하듯—우유적 선이차적 완전성 중에서도 두 번째 종류의 우유적 선에 해당한다. 즉 우리는 어떤 개별 속성요소이 자신이 마땅히 속해야 할 사물에 속할 때 그 속성을 아름답다고 말하는 것이 아니라, 지녀야 할 속성을 온전히 구비한 사물을—자신에 대한 속성의 귀속성 때문에—아름답다고 말해야 한다. 예를 들면 윤기가 머리카락에 속할 때, (윤기가) 머리카락에 속하므로 윤기가 아름다운 것이 아니라, 윤기가 (머리카락에) 속하므로 머리카락이 아

---

14 13세기 미학에서 초월적 미(본질적 미)와 이차적 완전성으로서의 미(부수적 미)의 구별은 명시적 논제로 부각되지는 않더라도 일반적으로 의식되고 있던 사항이다. 그리고 스코투스에게서도 알 수 있듯이, 이 구별은 기본적으로 본질적 선과 부수적 선의 개념적 구별에서 유래한다.

스코투스를 배출한 프란치스코회의 창립자
프란치스코의 생애를 표현한 세밀화.
프란치스코는 왜소한 체구와
보잘것없는 용모로 유명했으나,
그보다 겸손의 성덕으로 더 유명했다.

름다운 것이다. 마찬가지로, 뚜렷한 윤곽이 얼굴에 속할 때, 얼굴에 속하는 그 윤곽이 아름다운 것이 아니라 그런 윤곽을 지닌 얼굴이 아름다운 것이다.[15]

바로 이런 의미에서 스코투스는 이차적 완전성으로서의 아름다움이 '절대적 성질'qualitas absoluta이 아니라고 단언한다. 이것이 앞선 인용문에서 스코투스가 제시하는 아름다움 개념의 두 번째 요점이다. 절대적 성질은 다른 것과의 관계를 전혀 함축하지 않고 그 자체로만 고찰되는 성질이다. 스코투스의 설명에 따르면, 도덕적 선은 상황circumstantia이라고 불리는 '다른 것'과의 관계를 함축하지만 그렇다고 해서 관계의 범주에 속하지는 않는다. 도덕적 선은 엄연히 성질의 범주에 속한다. 아름다움 역시 마찬가지다.[16] 아름다움은 분명 사물의 형태나 모습이라는 의미에서 일종의 성질에 해당한다. 그런데 아름다움이라는 성질은 관계를 배제하는 성질이 아니라 관계를 함축하는 성질이다. 즉 그것은 물체에 속하는 많은 요소가 함께 모여든 '총체'aggregatio다.[17]

여기서 중요한 것은 총체라는 표현이 아니라 그 의미의 근거다.

올레크 비치코프(Oleg Bychkov, 1966~)는
선 개념의 이중성이 명시적으로 나타나기 시작하는
13세기 초반의 대표적 전거로 오베르뉴의 윌리엄
(William of Auvergne, 1180~1249)의 『선악론』
(*De bono et malo*)을 지목하고, 선 개념의 이중성
이라는 견지에서 미의 문제를 명시적으로 다루는
최초의 전거로 『알렉산더대전』(*Summa Halensis*)을
지목한다. O. Bychkov, *A Propos of Medieval Aesthetics*,
University of Toronto, Doctor thesis, 1999, p.192.

15 물론 마땅히 속해야 할 사물에 속하는 속성 역시
아름답다고 말할 수 있다. 그러나 행위의 도덕적
선의 개념이 그러하듯, 이는 아름답다는 말의
본래적 진술방식이 아니다. 앞에서도 말했지만,
아름답다는 말의 본래적(현실적, 명칭적)
진술방식은 속성의 주체인 사물에 대해 성립한다.

하나의 총체가 하나의 총체인 이유, 즉 총체가 단순히 상이한 요소들의 병렬적 공존이 아니라 하나의 성질로 간주될 수 있는 이유는 무엇일까. 스코투스가 텍스트에서 굳이 설명하지는 않지만 전통이 말해주는 대답은 상이한 요소들이 모종의 공통분모, 즉 척도를 공유하기 때문이라는 것이다. 사람들이 비례^{symmetria} 또는 조화^{harmonia}라고 불러온 이 관계가 요소 사이에 성립하기 때문에, 요소들은 미라는 하나의 성질에 가담한다^{aggregari}고 말할 수 있다. 총체를 총체이게 하는 것, 곧 총체의 의미 근거는 비례 또는 조화라고 불리는 관계다. 바로 이런 점에서 미가 절대적 성질이 아니라 총체라는 스코투스의 언명은 아름다움을 비례로 파악하는 스토아학파 이래의 전통을 충실히 계승한다고 볼 수 있다.

색채를 포함하는 조화

앞선 인용문에서 마지막으로 주목해야 할 곳은 스코투스가 아름다움이라는 총체를 이루는 물체 내의 요소들을 구체적으로 지목하고 있는 부분이다. 그는 크기·형태·색채를 지목한다. 여기서 눈여겨보아야 할 것은 색채다. 아우구스티누스 이래로 학자들은 색채를 미의 중요한 개념적 내용으로 간주했으나, 이 인용문처럼 색채를 조화의 개념에 포섭시키는 경우는 없었다. 일단 스코투스가 여기서 색채를 언급하는 것이 아우구스티누스의 영향 때문이라는 것은 거

---

16 *Quodlibet* q.18, c. "Actus igitur esse 'bonos'
    vel 'virtuosos', importat relationem vel multas
    relationes. Sed habet tamen modum denominandi
    vel praedicandi qualitas, sicut 'sanum' et
    'pulchrum', et similiter, illa de quarta specie
    qualitatis."

17 '총체'라고 번역한 단어 'aggregatio'의 정확한 뜻은
    여러 원소의 '가담' 또는 여러 원소가 '가담해'
    (aggregare) 이루어진 집합이다.

의 틀림없다. 앞서 살펴본 것처럼 이 교부는 『신국론』 제22권에서 육체의 부활 교의를 다루며 현세에서 육체의 손상이나 기형으로 고통받았던 사람들이 부활할 때, 그들의 육체는 과연 어떠할 것인지에 대해 논하면서 아름다움의 정의를 다음과 같이 제시한다.

신체의 모든 아름다움은 고상한 색채를 동반하는 부분들의 조화 partium congruentia다. 부분들의 조화가 없는 곳에서는 무언가 마음에 거슬리는데 그 이유는 무엇인가 불량하거나 부족하거나 지나치기 때문이다. 따라서 부활할 때는 부분들의 부조화가 초래하는 기형이 전혀 없을 것이다. 그때는 불량한 것들은 교정되고, 온당함보다 부족한 것은 창조자가 아는 방식으로 보충될 것이며 온당함보다 지나친 것은 질료의 온전성이 보전된 채로 제거될 것이다.[18]

텍스트의 맥락이나 교의적인 문제는 잠시 접어두고, 여기서 제시된 아름다움의 정의가 중세 비례미학 전통에서 가장 중요한 전거 가운데 하나라는 점을 짚어두자. 아우구스티누스의 이 정의가 중세 미학에서 신체 또는 물체의 미뿐만 아니라 심리적인 또는 영적인

18 *De civitate Dei*, lib.22, 19, 2. "Omnis enim corporis pulchritudo est partium congruentia cum quadam coloris suavitate. Ubi autem non est partium congruentia, aut ideo quid offendit quia pravum est, aut ideo quia parum, aut ideo quia nimium. Proinde nulla erit deformitas, quam facit incongruentia partium, ubi et quae prava sunt corrigentur, et quod minus est quam decet, unde Creator novit, inde supplebitur, et quod plus est quam decet, materiae servata integritate detrahetur." 성염의 번역을 기초로 필자가 약간 수정함.

미를 설명하는 데도 적용되었음은 분명하다.

스코투스는 이 전거를 어떻게 소화하고 있는가. 스코투스는 아우구스티누스가 말한 '부분들'을—예를 들면 고양이의 다리나 꼬리 또는 분해할 수 있는 레고블록처럼—공간적이고 물리적인 '일부'로 이해하지 않고 크기와 형태라는 물체 전체의 속성으로 이해한다. 그러면서 그는 이 두 속성을, 아우구스티누스가 미의 조건으로서 부가적으로 언급했던 색채와 함께 아름다움을 형성하는 동등한 요소로 받아들이고 있다. 말하자면 스코투스에게 색채는 조화와 함께 아름다움을 이루는 요소가 아니라, 크기, 형태와 함께 조화를 이루어야 할 요소인 것이다. 아름다움이란 바로 그 조화다.

다시 말하지만 그가 말하는 조화란 공간적으로 구별되는 물체의 조화가 아니다. 그에게 조화란 크기·형태·색채라는 물체 전체의 속성의 총합이다. 이로써 스코투스는 아우구스티누스보다 더 통일적인 아름다움 개념을 만들어낸다. 사실 가만히 들여다보면 아우구스티누스의 개념은 그다지 엄격한 통일성을 이루고 있지 않다. 색채의 고상함이 부분들의 조화라는 물체의 형태적 구조에 병렬적으로 덧붙여지고 있기 때문이다. 그러나 스코투스는 아름다움을 더 이상 조화'와' 색채가 아니라 색채를 포함하는 조화 그 자체—더 정확히 말하면 조화를 내적 원리로 하는 '총체'—로 이해한다.

통합적 적합성으로서의 아름다움

아우구스티누스의 아름다움 개념을 구성하는 조화^{congruentia}와 색채^{color}라는 관념은 각각 스토아적 전통과 성경 또는 신플라톤주의의 빛 개념이라는 상이한 원천으로 소급된다.[19] 이 이질적 관념들은 아우구스티누스뿐 아니라 그 이후의 학자들에게서도 엄격하게 통합되기보다 병렬적으로 처리되는 경우가 많았다.[20] 스코투스는 이 점에서 하나의 중요한 예외로 간주될 수 있다. 스코투스는 개념적 통일성을 확보했다는 점에서 아름다움 개념의 역사에서 나름의 진일보를 이루었다. 이 진일보는 과연 어떻게 가능했으며 또 어떤 의미가 있을까. 이것이 우리가 마지막으로 살펴보아야 할 문제다.

이 문제를 설명하기 위해서는 아우구스티누스가 왜 통일적인 아름다움 개념을 제시하지 못했는지를 먼저 따져보는 것이 순서일 것이다. 단적으로 말해, 아우구스티누스가 색채와 조화를 병렬적으로 언급한 것은 그가 색채에 조화로 설명할 수 없는 어떤 고유한 아름다움이 속한다고 생각했기 때문이다. 조화는 형태적 요소의 아름다움을 설명해주는 원리는 될 수 있으나, 색채의 아름다움을 설명해주는 원리는 될 수 없다. 물론 우리는 다양한 색의 사물이나 다양한 색으로 구성된 화면 또는 많은 단색 사물을 보면서 색들이 조화로운지에 대해 얼마든지 논할 수 있다. 그러나 본질적 의미에서 색채의 아름다움은 결국 단일한 색채가 각각 지니고 있는 아름다움이라고 생각해야만 하는데, 이는 조화의 관계로 환원되지 않는 어떤 고유의 원리를 따르는 것일 수밖에 없다. 이러한 생각은 비단 아우구스티누스뿐 아니라 신플라톤주의 미학의 창시자 플로티노스에게로까지 소급된다. 일찍이 플로티노스는 태양빛이나 별빛·순금·단음

19 이 색채 관념에 관한 성경 구절은 「아가서」 제5장 제10절의 "Dilectus meus candidus et rubicundus; electus ex milibus"(나의 연인은 눈부시게 하얗고 붉으며 만인 중 뛰어난 사람이랍니다)이다.

20 아름다움의 세 조건을 완전성, 비례, 명료성이라고 했던 토마스도 마찬가지다.

같은 것은 부분을 지니지 않기에 조화나 비례로 설명할 수 없는 그 자체의 아름다움을 지니고 있을 수밖에 없다고 강조한 바 있다.[21] 색채 역시 이런 종류의 비복합적 대상에 속한다는 것에는 이론의 여지가 없다.

그렇다면 색채의 아름다움의 원리는 무엇일까. 신플라톤주의 전통은 명확한 대답을 제공한다. 그것은 빛이다. 빛은 보통 선명함[claritas]이라는 미학적 범주로 번안된다. 이에 따라 아름다운 색은 일반적으로 밝고 선연한 색[color clarus]을 의미하게 된다.[22] 마치 지성에게 명료하게 파악될 수 있다는 의미에서 가지적 형상[可知的 形相, species intelligibis]이 진이라고 불리는 것처럼, 밝고 선연한 색은 인간의 시각에 본성적으로 명료하게 지각되기 때문에 아름답다. 스코투스가 장구한 시대를 지나며 일반화된 색채의 아름다움에 대한 이러한 관념을 거부하는 것은 아니다. 그러나 색채의 아름다움에 대한 일반적 관념과 별개로, 색채를 포괄하는 통합적 조화로서 아름다움을 규정하기 위해 색채의 아름다움에 대한 전통적 이해를 대체할 수 있는 새로운 이해는 분명히 필요하다. 색채의 조화 여부를 판단하는 것은 색채의 선명성을 따지는 것과 전혀 다른 문제이기 때문이다. 그렇다면 도대체 어떤 의미에서 각각의 단일한 색채에 조화로서의 아름다움이 속할 수 있단 말인가.

스코투스는 어느 텍스트에서도 이 질문에 대해 명시적으로 답하지 않는다. 그러나 이 질문을 해결할 수 있는 중요한 실마리를 던져주는 텍스트는 찾을 수 있다. 앞서 인용한 『신국론』 제22권의 텍스

---

21 *Enneades* I, 6, 1. 31~41. 『서양고대미학사강의』, 274~275쪽.

22 'claritas'라는 말은 논변, 명제, 개념 같은 지성적 인식의 차원에서 사용할 경우 명료함 또는 명석함으로 옮길 수 있다. 그러나 이러한 번역어는 미학적 용어로는 그다지 적합하지 않다.

10세기에서 11세기 사이에 제작된 것으로
추정되는 신성로마제국 황제의 관.
화려한 색채를 선호하는 중세인들의
미적 취향과 집착을 엿볼 수 있다.

트와 유사한 신학적 주제를 다루는『정리집』제49구분 제15문이 바로 그것이다. 여기서 스코투스는 육체의 부활에 대한 신학적 탐구의 일환으로, 오늘날의 관점에서는 이상하게 들릴 수도 있는 질문을 던진다. 영광의 상태에 도달한 복자福者들의 육체는 과연 명료성을 지닐 것인가utrum corpus gloriosum erit clarum. 앞에서 잠시 언급했지만, 아우구스티누스는『신국론』제22권에서 육체의 부활 교의를 조롱하는 이교도들에 맞서기 위해, 무죄한 낙태아나 기형아 그리고 신체 손상을 당하고 죽은 순교자들이 부활한 후 어떤 모습일지에 대한 신학적 논의를 전개한다.[23] 스코투스의 물음은 아우구스티누스의 논의를 이어받은 것이다. 동시에 스코투스의 물음은 천상의 영광을 누리는 복자를 눈부신 광채를 발하는 모습으로 그리는 일상적인 종교적 표상을 신학적으로 해석하려 했던 시도라고도 볼 수 있다. 스코투스는 이 물음에 다음과 같이 대답한다.

육체에 속하는 색채의 명료성을 두고 말한다면, 나는 복자들이 자기 육체의 완전한 명백화manifestatio sui coporis를 지니기 때문에 그들의 육체는 명료할 것이라고 하겠다. [복자들이 자기 육체의 완전한 명백화를 지니는 이유는] 그들의 육체가 자신을 완전하게 명백히 드러내는 색채를 지닐 것이기 때문이다. 각각의 육체가 자신의 기질complexio의 정도에 따라 [나름의] 아름다운 색채를 지닐 테니까 말이다. [각각의 육체가 자신의 기질의 정도에 따라 아름다운 색채를 지니게 되는 이유는] 색채의 척도가 [육체에 속하

23 *De civitate Dei* XXII, 12~21.

는] 고유한 질들의 혼합commixio propriarum qualitatum을 따르기에 모든 육체가 동일한 색채를 지니지도 않을 것이고 비슷한 색채를 지닌다 해도 동일한 정도로 지니지 않을 것이기 때문이다. 따라서 육체는 상이한 기질에 따라 상이한 색채를 지닐 것이다. 한 사람이 다른 색채보다 자신의 기질에 적합한 [특정한] 색채에서 유독 더 즐거워하는 것이 이런 연유다. 이런 방식으로, 설사 유사한 기질을 지닌다고 하더라도 모든 복자의 육체가 똑같이 명료하지는 않을 것이며 각자의 공로에 따라 [상이한 정도로] 명료할 것이다. 그래서 사도도 「코린토인들에게 보낸 첫째 서간」 제15장에서 해의 영광이 다르고 [달의 영광이 다르다고 말한다.] 이 선명함으로도 [사태를 설명하기에는] 충분할 것 같다. 왜냐하면 인간의 감각적 시각은 빛나는 육체보다quam in corpore luminoso 인간 육체의 아름다운 색채에서 더 즐거움을 느끼기 때문이다. 따라서 인간의 감각적 시각은 태양보다 더 좋은 색채를 지닌 인간의 얼굴을 볼 때 자연적으로 더 즐거움을 느낀다. 명료성의 이런 양태가 복자들에게 있으리라는 것은 내게 쉽게 이해된다. 그들에게는 자신들의 기질에 적합한 최종적 완전성에 따라 [각자의] 색채가 있을 것이기 때문이다.[24]

24 *Ordinatio* IV, d.49, q.15, c. (ed. Olms, vol.10, p.606) "······ si ergo loquamur de claritate coloris sui corporis, dico quod corpora beatorum erunt clara, quia habebunt perfectam manifestationem sui corporis: habebunt enim colorem perfecte manifestativum sui, quia quilibet habebit colorem pulchrum secundum gradum complexionis suae: quia non omnes habebunt eundem colorem, nec secundum eundem gradum, qui habent silmilem colorem:

이렇게 스코투스는 선명함의 의미를 명백화^명백히 드러냄, manifestatio 라고 규정하고 나서, 복자들의 육체가 자신을 완전하게 명백히 드러내는 색채를 지닌다는 의미에서 선명할 것이라고 대답한다. 그런데 자신을 명백히 드러내는 색채란 어떤 것인가. 스코투스는 그것을 단순히 시각적 밝기라는 척도로 설명하는 대신, 한 가지 척도로 환원하기 힘든 다수 개별자의 특징을 고려하는 길을 택한다. 각각의 육체는 서로 기질이 다르며 육체의 색채는 그 육체에 속하는 고유한 질들의 혼합에 따라 결정된다.[25] 그러므로 복자의 육체가 자신을 명백하게 드러낸다는 것은 그 육체가 단순히 밝다는 것을 의미

> quia commensurationes colorum sequuntur
> commixtionem propriarum qualitatum; et
> ideo secundum diversas complexiones habebunt
> diversos colores; unde et modo magis delectatur
> unus in uno colore, quam in alio, quia
> conveniens est complexioni suae; et sic non
> omnes erunt aeque clari, etiam habentes sibi
> similem complexionem, sed secundum merita
> sua. Unde secundum Apostolum. Alia est claritas
> Solis, etc. Et illa claritas videtur sufficere, quia
> magis delectatur sensus visus homonis in
> pulchro colore corporis humani, quam in
> corpore luminoso; unde plus delectatur
> naturaliter in videndo faciem humanum bene
> coloratum, quam solem; Ille ergo modus
> claritatis est mihi planus, quod erit in
> beatis, quia in eis erit color secundum ultimam
> perfectionem convenientem complexionibus suis."

25 히포크라테스와 갈레노스 이래 고중세 생리학의
     일반적 관점에 따르면, 인간의 기질은 네 가지
     체액(humor)이 혼합된 상태에 따라 각기 달라진다.
     인용문에서 스코투스는 육체의 기질을 고유한
     질들의 혼합이라고 말하는데, 여기서 '고유한 질'
     이란 표현은 생리학에서의 체액을 가리킨다.

스테인드글라스는 중세인들이 고안해낸,
빛을 받아들이는 최상의 기교였다.
파리 생트 샤펠의 스테인드글라스.

하는 게 아니라, 그 육체의 색채와 선명함이 그 복자의 기질과 공로
에 적합하다는 뜻이다.

색채의 아름다움에 대한 새로운 이해

중요한 것은 스코투스가 '육체의 기질'과 색채의 관계를 부각한다
는 점이다. 비록 이 텍스트는 부활한 복자의 육체에 초점을 맞추고
있으나, 스코투스가 신학적 교리에 대한 사고실험 속에서 환기하는
육체의 기질과 색채의 관계는 우리가 일반적으로 경험하는 육체 그
리고 더 나아가―본래 'corpus'라는 단어의 의미 영역인―물리적
물체에서 성립하는 관계로 이해해도 무방하다. 스코투스는 이렇듯
색채가 육체의 기질에 따라 결정된다고 주장함으로써, 색채의 미에
대한 전통적인 개념적 기준인 선명함 외에 또 다른 기준을 도입한
다. '물체의 기질에 대한 색채의 적합성'이라고 부를 수 있을 그 기
준에 따르면, 밝고 선명한 색채가 무조건 아름다운 것이 아니라 각
각의 사물, 즉 주체의 특질에 맞는 색채가 아름다운 것이다. 예컨대
흑인의 건강한 피부색과 황인의 건강한 피부색은 그 색이 각각 다
르지만 모두 아름답다고 해야 할 것이며, 민들레의 노랑은 아름답
지만―설사 색상이 같더라도―황달이나 농양의 노랑은 아름답지
않다고 해야 할 것이다.

앞에서 설명한 스코투스의 아름다움의 정의를 다시 상기해보자.
아름다움은 크기·형태·색채 등의 조화로운 총체다. 이 정의에 따르
면, 적합한 크기·형태·색채를 지니는 물체가 아름답다고 할 수 있

다. 그런데 말의 일상적이고 자연스러운 용법이 보여주듯이, 아름다운 물체뿐 아니라 물체를 아름답게 만드는 요소들도 얼마든지 아름답다고 할 수 있다. 물체가 자신에게 적합한 요소를 지니기 때문에 아름답다고 불리는 것처럼, 요소는 요소대로 물체에 적합하게 속하기 때문에 아름답다고 불릴 수 있지 않겠는가. 요약하자면 스코투스는 요소들이 아름다울 수 있는 것은 각각의 요소가 모종의 독자적인 미의 척도를 충족시키기 때문이 아니라 단지 주체에 적합하게 속한다는 그 사실 때문이라고 생각한다. 크기와 형태뿐 아니라—이전까지의 미학 전통에서는 단연코 독자적인 미의 원리를 지닌다고 여겼던—색채 역시 그러하다! 이를테면 아름다운 얼굴에 속하는 아름다운 색은, 그 자체가 선명함^{밝음}과 같은 독자적인 척도^{명도}를 지니고 있기 때문이 아니라, 형태와 크기 같은 다른 요소와 더불어 얼굴 전체에 적합하기 때문에 아름답다는 것이다. 아름다움을 이렇게 이해하기 위해 스코투스는 색채의 아름다움이 단순히 선명함에 있다는 전통적 관념을 어떤 식으로든 넘어서야 했다.

『정리집』제49구분 제15문은 스코투스가 단순히 선명함에 집착하지 않고 사물의 고유한 특질에 적합한 색채가 아름답다는 새로운 척도로 색채의 아름다움을 설명하고 있음을 보여준다. 그가 미를 물체의 형태적 요소뿐 아니라 색채까지 포섭하는 통합적 조화의 개념으로 규정할 수 있었던 것은, 색채의 아름다움에 대한 이러한 내밀한 관점의 변화와 결부되어 있다.

6 중세미학을 넘어서

신 존재 증명의 비밀

스코투스의 『명제집주해』의 여러 판본 중 옥스퍼드본과 파리본에는, 그가 캔터베리의 안셀무스$^{Anselmus\ Cantuariensis,\ 1033\sim1109}$의 신 존재 증명에 대해 설명하면서 흥미롭게도 미적 지각의 확실성을 증명의 논거로 사용하는 대목이 나온다.[1] 이 대목은 중세미학의 성격을 잘 보여주는 사고를 담고 있기 때문에 검토해볼 만한 가치가 있다.

잘 알려져 있듯이, 안셀무스는 『프로슬로기온』에서 우리가 지니고 있는 하느님에 대한 개념으로부터 하느님이 실제로 존재한다는 사실을 증명해냈다. 안셀무스가 오랜 사색 끝에 찾아내어 『프로슬로기온』에서 제시한 하느님의 개념은 '그것보다 더 위대한 것이 생각될 수 없는 어떤 것'$^{id\ quo\ nihil\ potest\ maius\ cogitari}$이다. 안셀무스는 하

---

1 중세 스콜라철학에서 교육과 저술은 페트루스 롬바르두스(Petrus Lombardus, 1095~1160)가 네 권으로 편찬한 그리스도교 교의학 교본인 『명제집』을 해설하고 주해하는 방식으로 이루어졌다. 토마스나 보나벤투라, 오컴 같은 대가들도 예외 없이 『명제집주해』를 남겼지만, 특히 스코투스는 평생 동안 여러 판본의 『명제집주해』를 남겼다. 그중 지금 말하는 미적 지각의 논변이 나타나는 텍스트는 저 유명한 옥스퍼드본과 보고록 형태로 남아 있는 파리본이다. O. Bichkov, *Aesthetic Revelation*, The Catholic University of America Press, 2010, p.282 이하 참조할 것.

느님이 존재하지 않는다고 생각하는 사람들도 이 개념은 이해할 터이고 이 개념 자체에는 동의할 터인데, 만일 그렇다면 하느님이 존재하지 않는다고 생각하는 것은 불가능하다고 말한다. 왜 그럴까? '그것보다 더 위대한 것이 생각될 수 없는 것'은, 단지 지성 안에만 존재하는 경우보다 지성 밖에 실제로 존재하는 경우 더 위대한 것일 테다. 그러므로 만일 그것이 우리 지성 안에만, 즉 생각 안에만 존재한다고 가정한다면, 그것은 이미 '그것보다 더 위대한 것이 생각될 수 있는 것'이 되어버릴 것이기 때문이다.

토마스가 안셀무스의 신 존재 증명의 심오한 의미를 정확히 깨닫지 못하고 다소 성급하게 이를 비판했던 것과 달리, 스코투스는 기본적으로 이 증명을 신뢰한다. 스코투스는 안셀무스가 제안한 하느님의 개념을 '무한한 존재자'$^{ens\ infinitum}$라는 자신의 개념으로 번안한 후에, '무한한'이라는 개념과 '존재자'라는 개념이 양립불가능하지 않음을 보이면 신 존재 증명의 과제가 완수될 것이라고 생각한다.

도대체 스코투스는 무슨 생각을 하는 것일까. 우리의 지성은 언제나 유한한 존재 그 이상을 추구한다. 이 말은 우리 지성이 유한한 존재를 넘어서는 어떤 실재가 존재한다는 것을 알고 있다는 뜻이다. 우리가 존재한다고 생각하지 않는 것을 어떻게 추구할 수 있겠는가. 우리가 무한한 존재자를 생각하고 그것을 추구한다는 사실은 경험적으로 자명하다. 그렇다면 정말로 제기되어야 할 질문은 다음과 같은 것이리라. 우리는 우리의 지성을 왜 신뢰해야 하는가. 우리의 지성이 '무한한 존재자'라는 개념을 아무 모순 없이 이해한다고

안셀무스는 캔터베리 대주교를 지냈으며
스콜라철학의 아버지로 추앙받는다.
그가 『프로슬로기온』에서 제시한 신 존재 증명은
스코투스뿐 아니라 그리스도교 신학의 역사
전체에 큰 영향을 미쳤다.

해서 그 이해한 내용이 실제로 무모순적이라는 증거는 도대체 어디에 있는가.

미적 지각의 확실성

이러한 질문에 대해 스코투스가 지성적 인식의 확실성을 근거 짓는 방식은 자못 놀랍다. 그는 지성적 인식의 확실성을 그 자체로 증명하는 대신, 미적 지각의 확실성을 끌어들이는 길을 택한다.

지성보다 못한 인식능력인 감각능력은 자신의 대상 안에 있는 불일치를 즉각적으로 지각한다. 이는 불협화음을 듣는 청각에서 드러나는 바와 같다. 따라서 무한이 존재자와 상충된다면, 지성은 이 불일치와 모순을 지각할 것이다. 그렇다면 지성은 무한한 존재자를 대상으로서 인지하지 못할 것이다. 예컨대 지성은 '인간은 비합리적이다' 같은 모순을 자신의 대상으로 삼지 못한다. 대상이 모순을 포함하기 때문이다. 그러나 실제로 사태가 반대임[지성이 무한한 존재자를 인지함]은 누구에게나 명백하다. 지성은 결코 유한한 존재자[라는 개념]에서 멈추지 않기 때문이다.[2]

2 *Reportatio* 1-A, dist.2, pars.1, q.1~3, "……
potentiae sensitivae quae sunt minus cognitivae
quam intellectus statim percipiunt disconvenientiam
in suo obiecto; patet de auditu respectu soni
disconvenientis. Ergo si infinitum repugnat
enti statim intellectus istam disconvenientiam
et repugnantiam percipiet; et tunc non posset
apprehendere ens infinitum pro obiecto —sicut
nec repugnantia, ut hominem esse irrationalem,
potest habere pro obiecto, quia obiectum
includit repugnantiam —cuius oppositum
quilibet experitur, quia numquam quietatur in
enti finito."

우리가 예술작품을 지각할 때를 생각해보자. 화음이 들릴 때 우리의 귀는 자연스럽게 조화를 지각해 만족을 느낄 것이고 비례가 맞는 도상을 볼 때 우리의 눈은 자연스럽게 즐거움을 느낄 것이다. 스코투스는 다음과 같이 생각하는 것이다. 우리의 감각은 대상 안에 있는 비례나 조화의 존재 여부를 정확하게 지각한다. 미적 지각을 위해서는 어떤 지식이나 인위적인 노력이 필요하지 않다. 또한 우리가 미적 지각의 결과로 즐거움을 느낀다는 사실 외에, 미적 지각을 위한 정당화 절차가 별도로 필요한 것도 아니다. 화음이나 시각적 비례에 대한 우리의 지각처럼 절대적으로 신뢰할 만한 것이 또 무엇이 있겠는가. 스코투스는 여기서 물론해석勿論解釋이라는 카운터펀치를 날린다. 만일 그렇다면, 심지어 덜 확실한 인식을 제공해주는 감각능력에서조차 그러할진대, 감각능력보다 더 우월한 지성을 믿지 못할 이유는 없지 않겠는가. 그러므로 '무한한 존재자'라는, 우리 지성이 자명하게 이해하는 내용을 실제적 대상으로서 신뢰하지 못할 이유가 어디 있겠는가.

몇 가지 반론이 가능하겠지만, 스코투스 스스로도 잘 의식하고 있는 가장 중요한 반론은 다음과 같다. 우리는 키마이라Chimaera 같은 가상의 대상에 대한 개념을 지닐 수 있지만, 그렇다고 해서 그 대상이 실재하는 것은 아니지 않은가. 이에 대한 스코투스의 대답은 간단하다. 키마이라에 대한 명료한 개념은 우리 지성 안에 결코 존재하지 않는다는 것이다. 우리가 아무리 키마이라를 생생하게 상상해 묘사한다고 하더라도, 우리 지성은 이미 키마이라라는 개념에

중세인들이 상상했던 키마이라(확대).

실재성과 확실성이 결여되어 있다는 것을 알고 있다. 스코투스의 생각을 바꿔 진술해보자. 만일 키마이라라는 개념이 우리의 지성에 명료하고 확실하다면, 그것은 반드시 현실에도 존재할 수밖에 없을 것이다. 분명한 미적 지각을 의심해야 할 이유가 어디에 있겠는가. 마찬가지로 정말 명료한 개념이라면, 그 개념의 실재적 근원을 의심해야 할 이유가 어디에 있겠는가. 반면 어떤 개념이 명료하지 않다면, 그것은 그 개념 안에 허위의 요소가 내포되어 있거나 그 개념이 단순한 개념으로 환원될 수 있는 복합적이고 불완전한 개념이라는 사실을 말해주는 증거일 것이다.[3]

미적 지각에 관한 또 다른 텍스트를 살펴보자. 스코투스는 『명제집주해』의 다른 판본에서 의지 안에 있는 사랑이 공로의 원인이라는 사실을 설명하면서 미적 지각에 대해 다음과 같이 말한다.

거문고의 화음은 듣는 사람에게 즐거움을 일으킴으로써 영향을 미친다. 그런데 동일한 음표들도 다르게 배치되면―즉 현이 다른 순서로 울리게 되면―즐거움을 일으키지 않고 즐거운 소리도 만들어내지 않는다. 이러한 영향의 주된 원인은 무엇인가? 그것은 틀림없이 소리이지, 소리 안에 있는 일치나 비례가 아니다. 관계는 능동인이 아니기 때문이다. 그러나 관계 속의 절대적인 것[4]이 능동인일 수 있는 이유는, 그것이 단지 저 관계를 지니기 때문일 뿐이다(예컨대, 작용자인 불은 수동자 없이 작용하지 않거니와, 불이 작용하기 위해서는 수동자와 어느 정도 근접

---

3 Bichkov, *op. cit.*, p.284.
4 소리라는 능동적 성질을 뜻한다.

해야 하는데, 이 근접은 특정한 관계 이상이 아니다). 그러므로 청자가 받는 영향은 소리 때문이지만, 그 영향이 즐겁다는 사실, 그것은 소리로서의 소리 때문이 아니라 조화를 이루고 잘 배열된 소리 때문이다.[5]

여기서 스코투스는 미적 지각과 아름다움 사이의 관계를 좀더 분명하게 설명한다. 조화란 일종의 관계다. 그런데 관계는 능동인이 될 수 없다. 어떤 일을 일으키는 작용을 하는 것은 실체나 질일 수밖에 없다. 그런 의미에서 스코투스는 음들의 조화로운 순서 자체가 능동인의 역할을 하는 것이 아님을 부정하지 않는다. 그러나 귀에 작용을 가하는 소리를 아름답게 들리는 소리로 만드는 원인, 즉 능동인을 능동인으로 만드는 원인은 조화 말고 또 무엇이겠는가. 타오르고 있는 나의 촛불이 지금 이 순간 너의 초에 불을 옮기게 된 이유가, 불이 붙을 수 있는 너의 초가 나의 촛불에 가까이 다가왔다는 사실 말고 또 무엇이 있겠는가.

다시 물어보자. 미적 지각이 거짓일 수 있는가. 우리가 아름답지 않은 대상에서 아름다움을 지각할 수 있는가. 스코투스는 그럴 수 없다고 생각한다. 아름다움은 인간의 영혼 안에 즐거움을 불러일으킬 수 있는 일종의 능동적 원리에 해당하는 어떤 것이기 때문이다. 아름다움은 구체적 실체가 아니다. 스코투스의 생각에 따르면 아름다움은 본래적 의미의 독자적인 성질도 아니다. 아름다움은 적합성이라는 관계다. 그러나 그것은 능동적 형상들이 난무하는 질료적

---

5   *Lectura* I, d.17, p.1, q.un, n.95. "Sonus
    harmonicus in cithara immutat auditum,
    delectationem causando; et si fiant eaedem
    notae, alio tamen modo ordinatae – ut si cordae
    percutiantur alio ordine non causabit
    delectationem nec sonum delectabilem. Quid est

세계 속에 들어와 있는, 존재자의 충만한 완전성이다. 인간의 지성과 감각은 그 완전성을 지각하지 않을 수 없다. 스콜라철학자들은 인간의 지성이 개념을 형성하는 과정을 인간의 지성이 외부의 형상을 수동적으로 수용하는 과정으로 이해했다. 따라서 개념이 형성되는 단순한 과정에서 인간은 절대 오류를 범하지 않는다. 말하자면 이와 같은 이유에서, 인간의 단순한 미적 지각은 오류를 범하지 않는다.

중세미학의 전제

그러나 미적 지각에는 개인차가 있지 않은가. 예를 들어 감각기관에 장애가 있거나 아니면 '미적 감수성'이 잘 발달하지 못한 사람도 있을 수 있지 않은가. 아니, 이렇게 정상과 비정상을 연상시키는 불평등한 구별을 도입하지 않더라도, 미적 지각에 엄청나게 다양한 수준과 방식이 있다는 것은 분명한 사실 아닌가. 그리하여 내게는 아름답게 보이는 것도 너에게는 아름답게 보이지 않고, 지하철에 붙어 있는 어느 시를 두고 한 행인이 코웃음을 칠 때 다른 행인은 고개를 끄덕거리지 않은가. 이런 차이에는 이유가 있을 것이다. 그러나 이 이유를 해명할 가치가 있는 것으로 생각하기까지는 시간이 더 흘러야 했

causa principalis istius immutationis? Certe sonus, et non convenientia aut proportio in sono, quia relatio non est causa effectus; tamen absolutum sub relatione potest esse causa effectus cuius non esset causa nisi haberet illam relationem (sicut ignis agens, ad hoc quod agat, requirit determinatam approximationem passi, sine qua non agit, et ista tamen approximatio non est nisi quaedam relatio); immutatio igitur auditus a sono est propter sonum,—sed quod sit delectabilis, hoc non est a sono ut sonus est, sed ut harmonicus et sic ordinatus."

다. 근대의 취미론이 그 이유를 해명하기 위해 비로소 등장하는 이론이다.

그렇다면 스코투스는 이런 질문에 어떤 태도를 취할까. 그는 아마도 다음과 같이 말할 것이며 다른 스콜라철학자들의 태도 역시 다르지 않을 것이다. 개인차가 있는 것은 당연하지만, 중요한 것은 인간 지성 자체의 진리를 밝히는 일이지 개별적 차이를 차이로서 늘어놓는 일이 아니다. 예컨대 특수한 환경이나 왜곡된 정보 때문에 키마이라가 실제로 존재한다고 믿어 의심치 않는 사람이 있다고 치자. 키마이라에 대한 이 사람의 관념이 아무리 생생하고 그 존재에 대한 이 사람의 확신이 아무리 강하더라도, 스코투스는 그 사람의 개념을 결코 인간 지성의 명료한 개념으로 인정하지 않을 것이다. 굳이 말하자면, 중세의 인간학은 일종의 표준적 인간에 대해, 정확히 말해 모든 개별적 인간이 수용하는 인간의 보편적 형상에 대해 탐구한다. 스코투스 미학 그리고 더 나아가 중세미학 전체는 인간의 지성이라면 마땅히 확실하고 명료하게 인식할 수 있는 대상이 객관적으로—그렇지 않은 대상과 구별되어—따로 존재하고, 인간의 감각이라면 마땅히 기쁘고 흡족하게 반응할 수 있는 감각자료의 형식이—그렇지 않은 것들과 구별되어—따로 존재한다는 것을 전제로 한다.

스코투스의 텍스트에 조화와 비례 같은 용어가 등장하는 것을 근거로 그의 사고방식을 수학적 측정가능성이라는 측면에서 고전주의 예술에나 적용되는 것으로 해석할 필요는 없다. 물론 스코투스는 동시대의 사람들이 아는 화성과 건축의 비례를 알고 있었을 것이다. 그가 르네상스의 미적 감각을 선취하고 있었을 리 없으며, 설사 조토 디본도네^{Giotto di Bondone, 1267~1337}의 그림을 보았다 하더라도 익숙하기보다는 새롭고 낯설다고 느꼈을 가능성이 크다. 그러나 우리는 스코투스가 자신이 아는 비례와 화음에 대해 말하려는 것이 아니라 미적 지각의 확실성에 대해 말하고 있다는 것을 잊지 말아야 한다. 예컨대 쇤베르크의 「정화된 밤」을 듣거나 루오나 베이컨의 자화상을 볼 경우 우리의 감각과 지성은 즐거움―좁은 의미의 유쾌함이 아니라 완성된 감정이라는 의미의 즐거움―을 지니게 될 것이다. 물론 즐거움을 지니지 못할 사람들도 질료적으로야 많겠지만, 적어도 그 작품이 불러일으키는 즐거움은 명료하고 확실한 즐거움에 속할 것이다. 따라서 즐거움을 느끼는 사람들은 자신이 느끼는 즐거움에 회의를 품을 필요가 없다. 미적 지각은 그런 것이다. 그리고 그것이 미적 지각인 이유는, 그 지각의 대상에―어떤 사람들은 결국 진리라고 불러야 한다고 주장할 수도 있을―아름다움이 실재하기 때문이다.

관념과 주체

지성 자체를 이해하지 못한 채 진리의 다양성을 먼저 말하는 것은 순서가 잘못되었다. 마찬가지로 아름다움 자체를 이해하지 못하고 아름다움에 대한 느낌과 평가의 다양성을 먼저 말하는 것도 순서가 잘못된 일이다. 바로 이런 의미에서, 중세미학과 근대미학의 순서는 제대로 잡혀 있다. 생각의 역사는 생각의 순서이기도 하다.

조토의 그림은 개인의 자세, 표정, 공간 점유
등에서 개체성을 중시하기 시작하던 중세
후기의 정신적 경향을 반영한다.

순서에 따라 바야흐로 다음과 같은 의문이 제기되는 때가 온다. 개념의 확실성과 미적 지각의 직접성도 좋지만, 사람들은 아름다움을 각기 다른 사물에서, 다른 방식으로, 다른 정도로 느끼지 않는가. 이처럼 미적 반응과 수용의 상대성을 철학적 설명의 영역으로 가져오고 싶은 욕구를 느끼는 사람들이 생겨날 때 미학의 근대가 시작된다. 이 의문에 대응하는 가장 간단한 방법은 당연히 '아름다움은 주관적인 것이다'라고 선언하는 길일 것이다. 아름다움을 지각의 결과로 이해한다면, 모종의 외적 자극이야 언제나 필요조건으로 남아 있겠지만, 지각이라는 것은 개인의 능력과 소질 같은 주관적 토대 위에서 일어나는 사건이기 때문에 개별적 차이에 대한 설명이 용이해지지 않겠는가. 그러나 사태는 이렇게 간단하지 않다. 아름다움에 대한 지각이나 경험이 사람마다 다르기 때문에 아름다움은 주관적인 것이라고 말하는 것은 아무 말도 하지 않는 것이나 마찬가지다. 아름다움이 주관적이라는 말의 의미를 그 자체로 파헤칠 때 이 사태를 설명할 수 있다. 아름다움이 주관적이라는 말은 도대체 무슨 뜻인가. 이 말은 어떻게 정당화될 수 있을까. **주관 또는 주체**라고 불리는 그 개념은 도대체 무엇인가.

잘 알려져 있다시피, 근대미학에서는 아름다움을 사물의 속성으로 이해하는 대신, 마음 안의 어떤 상태로 이해한다. 아름다움은 인식하는 나의 외부가 아니라 인식하는 나의 내부에 있다. 존 로크John Locke, 1632~1704는 아름다움을 관념이라고 했고, 허치슨은 한 걸음 더 나아가 아름다움이라는 관념을 지각하는, 즉 아름다움이라는 관념을 대상으로 하는 감각능력[감관感官]이 따로 존재한다고 했다. 이제 아름다움의 인식을 포함하는 인식 일반의 대상이 사물이나 사물의 속성이 아니라 마음 안의 관념이 되는 것이다.

　사물이 아니라 관념이 대상이다. '대상'의 의미 변화라는 이 엄청난 일을 미학사에서 해낸 주인공은 영국의 취미론자들이다. 중요한 것은 취미론의 뿌리를 짚어보는 일이다. 취미론은 하늘에서 떨어지지 않았다. 허치슨에게서 분명히 드러나듯 취미론의 이해지평은 로크의 철학이다. 그런데 로크의 등장 자체가 중세에 이미 준비되어 있었다. 인간의 생각은 어떻게 해서 사물이 아니라 관념을 향하게 되었는가. 그리고 그 사실을 어떻게 해서 스스로 파악하게 되었는가.

　이 질문들을 밀고 나가기 위해 일단 로크의 말을 들어보자. "모든 사고와 추론에서 마음이 스스로 주시하고 있거나 주시할 수 있는 자신의 관념들 이외에 어떤 다른 직접적인 대상도 지니고 있지 않음을 고려하면, 우리의 지식이 단지 관념에만 관련되어 있다는 것은 명백하다."[6] 그렇다면 관념이란 무엇인가. 관념이란 "심상phantasm이든 개념notion이든 형상species이든 또는 사고할 때 마음이 관여하는 모든 것"[7]이다. 따라서 설명은 공허한 순환처럼 들린다. 관념이란 마음정신의 대상이고, 마음의 대상은 관념 이외의 아무 것도 아니니까 말이다. 그렇다면 관념이 어떤 것인지를 이해하는 길은 무엇일까. 그것은 로크 자신이 동원하는 일종의 형이상학적 유비 관계를 통하는 길이다. 좀더 유명한 다음 구절을 살펴보자.

6　J. Locke, *An Essay Concerning Human Understanding*, IV, 1, 1.

7　*An Essay Concerning Human Understanding*, I, 1, 8.

영국 경험론의 대표자 로크.
같은 영국인이라는 점 외에도
여러 가지 이유에서 그는 오컴의
후계자라 할 만하다.

나는 마음이 자신 안에서 지각하는 것 또는 지각·사유·이해의 직접적인 대상이 되는 모든 것을 관념이라고 부르고, 우리 마음 안에 어떤 관념을 만들어내는 그 힘을 그 힘이 깃들어 있는 주체[8]의 성질이라고 부른다. 그러므로 어떤 눈덩이가 '희다' '차갑다' '둥글다'는 관념을 우리 안에 만들어내는 힘을 지닐 때, 그것들[9]이 눈덩이 안에 있듯이 우리 안에 그 관념들을 만들어내는 힘을 나는 성질이라고 부른다. 그리고 그것들이 우리 지성 안의 감각이나 지각일 때, 나는 그것을 관념이라고 부른다.[10]

물체적 사물 안에 성질이 깃들어 있듯이, 관념은 마음 안에 깃들어 있다. 사물은 성질의 바탕, 곧 주체고, 마음은 관념의 주체다. 사물과 성질의 관계는 아리스토텔레스가 주체hypokeimenon와 속성 symbebekos의 관계를 설명한 이래 오랫동안 익히 알려져 있던 관계다. 마음mind 역시, 철학사에서 정신·영혼·지성 등의 용어로 늘 탐구되어오던 것이다. 그러나 관념이라는 것은 정녕 면밀한 신원조회를 요하는 개념이다. 제가 과연 누구이기에 사물과 성질을 인식 대상의 자리에서 밀쳐내고 스스로 인식의 대상을 자처한단 말인가. 관념 때문에 인간의 인식, 아니 인식하는 인간은 자기 자신만의 세계를 구축할 수 있게 된다. 물체적 사물과 마음 간에, 성질과 관념 간에 성립하는 대응관계를 떠올려보라. 관념은 마음의 성질이고 마음은 관념의 사물이다. 마음이란 자신의 성질을 느끼고 자신의 성질을 탐구하며 자신의 성질을 인식하는 사물과 같다. 이 독특한 실체,

---

8 사실상 기체(基體)라는 번역어가 더 어울리는 여기서의 주체는 마음이 아니라 사물을 가리킨다.

9 희다, 차갑다, 둥글다는 것을 가리킨다.

10 *An Essay Concerning Human Understanding*, II, 8, 8.

이것을 가리키는 용어가 이전까지는 통상적으로 토대로서의 실체를 가리키던 주체다. 주체의 미학, 주관주의적 미학, 근대의 미학은 인간의 마음에 내재하는 것, 곧 관념을 대상으로 한다. 이제 아름다움은 관념이기 때문이다.

"주어는 어떤 사물도 아니다"

그렇다면 할 수 있는 한, 어떻게 그렇게 되었는지 그 연유를 파헤쳐보자. 실마리는 오컴에게서 발견된다. 중세철학의 가장 중요한 문헌 가운데 하나인 오컴의 『자연학주해』 서문에서 오컴은 앎scientia, 학문의 주체또는 주제에 대해 깊이 숙고한다. 'subiectum'이라는 용어의 다의성이 드러나는 대목이므로, 'subiectum'을 한국어로 번역하지 않고 날 것 그대로 옮겨놓겠다. 오컴은 이렇게 말한다.

앎의 'subiectum'는 두 가지로 방식으로 파악된다. 첫째, 바탕처럼subiective 자신 안에 앎을 수용하고 앎을 소유하는 것이 앎의 'subiectum'[주체]이라고 불린다. 예컨대 물체나 표면이 하양의 'subiectum'[주체]이고 불이 뜨거움의 'subiectum'[주체]인 것처럼. 이런 의미에서 앎의 'subiectum'[주체]은 지성 자신이다. 왜냐하면 그 어떤 앎들도 결국은 지성의 우유이기 때문이다. 둘째, 그것에 관해 무엇인가가 알려지게 되는 바로 그것이 앎의 'subiectum'[주제]이라고 불린다. 아리스토텔레스는 『분석론후서』에서 'subiectum'을 이렇게 이해한다. 이런 의미에서는 결론의 'subiectum'[주어]과 앎의 'subiectum'[주제]이 동일하다. [앎의 주제가] 'subiectum'[주제]이라고 불리는 이유는 그것이 결론의 'subiectum'[주어]이기 때문일 뿐이다."[11]

한국어에는 주체·주제·주어라는 단어가 따로 있으므로 혼동을 줄이기가 훨씬 유리하지만, 오컴으로서는 '밑에 깔려 있는 것' hypokeimenon이라는 라틴어 'subiectum'의 근원적 의미만을 언어적 자산으로 삼아 서로 구별되는 이 의미들을 분간하고 관계를 정리해야 하니 상당한 공을 들였음이 틀림없는 구절이다. 여기서 오컴은 지식을 수용하고 소유하는 바탕으로서의 주체subiectum와 지식이 그것에 관해 구성되는 바탕, 곧 앎의 주제subiectum를 구별한다. 첫 번째 의미의 바탕, 곧 앎의 주체는 인간의 지성 자체다. 한편 두 번째 의미의 바탕은 아리스토텔레스가 학문론에서 초점을 맞추는 학문의 주제, 곧 학문을 규정하는 대상이다. 그런데 이것은 엄격하게 말하자면 학문적 앎을 구성하는 결론 명제의 주어에 다름 아니다. 안다는 것은 첫 번째 의미의 앎의 바탕주체이 두 번째 의미의 앎의 바탕주제·주어을 정신적으로 장악한다는 것이다.

앞선 인용문의 요점은 동일한 용어로 이해되던, '앎을 받아들이는 주체'아는 주체와 '그것에 대해 앎이 구성되는 주제'알려지는 대상를 분명하게 구별하는 것이다. 그런데 이 글에서 중요한 것은 앎의 대

---

11 *Expositio in libros physicorum Aristotelis*, prol.,
"Sciendum quod subiectum scientiae dupliciter
accipitur: Uno modo pro illo, quod recipit
scientiam et habet scientiam in se subiective,
sicut dicitur quod corpus vel superficies est
subiectum albedinis et ignis est subiectum
caloris. Et isto modo subiectum scientiae est
ipsemet intellectus, quia quaelibet scientia talis
est accidens intellectus. Alio modo dicitur

상을 사물이 아니라 명제의 주어로 이해한다는 점이다. 오컴에 따르면, 앎의 직접적 대상은 주어와 술어로 이루어진 명제다. 더 엄격하게 말하면 명제의 주어 그 자체다. 그렇다면 앎의 대상은 왜 사물이 될 수 없는가. 왜 주어는 사물이 아닌가. 오컴은 내친 김에 같은 글에서 이를 증명해버린다.

[이것을 증명하기 위해] 나는 '모든 감각적 실체는 질료와 형상으로 합성되어 있다'는 명제를 예로 든다. 여기서 주어[12]는 영혼^{마음} 바깥의 어떤 사물이거나 아니면 단지 영혼 안의 개념^{intentio} 또는 말소리^{vox}일 것이다. 만일 사물이라면 그것은 공통적 사물은 아닌데, 그 이유는—앞으로도 밝힐 것이고 다른 곳에서도 이미 자주 밝혔듯이—그런 사물이란 존재하지 않기 때문이다. 그러므로 명제의 주어는 개별적 사물일 수밖에 없다. 그런데 명제의 주어가 다른 개별 사물이 아니라 하필이면 이 개별 사물이어야 할 이유는 없다. 따라서 명제의 주어는 모든 사물이거나 [아니면] 어떤 사물도 아니다. 명제의 주어가 모든 사물인 것은 아닌데, 그 명제를 알고 있는 사람이 알지 못하는 많은 사물이 있기 때문이다. 그가 한 번도 생각해보지 못한 많은 사물이 있을 테니까 말이다. 고로 주어는 어떤 사물도 아니다. 따라서 명제의 주어는 개념이거나 말소리다. [이로써 우리가 의도한] 결론이 입증되었다.[13]

subiectum scientiae illud, de quo scitur aliquid.
Et sic accipit Philosophus 'subiectum' in libro
Posteriorum; et sic idem est subiectum
conclusionis et scientiae; nec dicitur subiectum,
nisi quia est subiectum conclusionis."
김율, 「개별 학문의 단일성은 어떻게 성립하는가?」,
『철학』 116(2013), 1~44쪽, 21쪽 참조할 것.
12 '감각적 실체'를 가리킨다.
13 *Expositio in libros physicorum Aristotelis*, prol.,

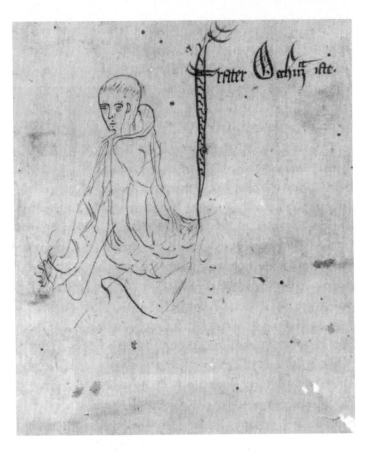

오컴은 유명론(唯名論, nominalism)을
주장하고 황제권을 옹호했다. 그 결과 아비뇽
교황청의 탄압과 견제를 받았고,
결국 루트비히 4세가 다스리던 뮌헨으로
망명해 도피 생활을 했다.

오컴의 증명은 간단하다. 주어가 사물이라면 그것은 보편자^{공통}
^{적 사물}이거나 개별자일 것이다. 그런데 보편자란 실재하지 않는다.
따라서 주어는 개별자일 따름인데, 적어도 수적으로 구별되는 동
종의 개별자 가운데 특정한 이 개별자는 아닐 것이다. 주어가 이
개별자라는 말은 주어가 저 개별자라는 말이 아닌데, 저 개별자 역
시 똑같은 종류의 개별자일진대 왜 저 개별자는 주어가 될 수 없다
는 말인가. 따라서 주어는 모든 개별자이거나 아무 개별자도 아니
다. 전자일 리는 없으니, 가령 내가 '고양이는 다리가 넷이다'라는
명제를 안다고 해도 바로 옆 동네에는 내가 모르는 고양이가 여럿
실재하지 않는가. 따라서 주어는 아무 개별자도, 즉 그 어떤 사물
도 아니다.

로크가 『인간지성론』에서 말하는 '하양' '딱딱함' '달콤함' '사고'
'운동' '인간' '코끼리' '군대' '술취함'은 바로 이런 것들이다.[14] 오
컴이 제시하듯 그것들은 어떤 사물도 아니다. 그렇다면 무엇인가.
그것은 심적 구성물^{fictum}이다. 아름다움도 이에 속한다. 오컴의 말
을 빌리면 그것은 개념이나 말소리이고, 로크의 말을 빌리면 관념
이다. 그리고 그것이 앎, 지각, 판단 등 심리적 활동의 직접적 대상

"Nam accipio hanc propositionem 'omnis
substantia sensibilis componitur ex materia et
forma': aut hic subicitur res aliqua extra animam
aut tantum intentio in anima aut vox. Si res, et
non res communis quia nulla talis est, sicut
ostendetur et alibi frequenter est ostensum, ergo
subicitur aliqua res singularis; et non magis una
quam alia; ergo vel quaelibet subicitur vel nulla: et
non quaelibet, quia multae res sunt quae non
intelliguntur a sciente talem propositionem, quia
multae sunt de quibus numquam cogitavit; ergo
nulla talis res subicitur. Ergo subicitur intentio vel
vox, et habetur propositum."

14 *An Essay Concerning Human Understanding*, II, 1. 1.

이다. 사물은 이러한 관념이나 명제를 통해 기껏해야 매개적으로 알려지는 대상에 불과하다. 물론 관념이나 명제를 산출하는 원인은 외부에 실재하는 개별적 사물에 있겠지만,[15] 적어도 관념이나 명제를 수용하는 주체는 지성, 곧 마음이다. 여기서 '수용한다'는 중세적 표현은 차차 능동적 방향으로 의미가 이동한다. 관념의 물체인 마음 없이 관념이 어떻게 생겨날 수 있겠는가. 마음은 관념에 다가가서 관념에 관여하는데, 그러기 위해서는 일단 관념을 낳아야 한다. 마음이 정녕 관념을 낳을 수 있는가. 당연한 질문처럼 보이지만 사실은 그렇지 않다. 실체는 자신의 속성을 낳을 수 있는가. 실체는 자신의 속성을 낳는 능동인일 수 있는가. 아리스토텔레스 이후로 이 질문에 대한 대답은 언제나 부정적이었다. 이 질문은 중세 후기 스콜라철학에 이르러서야 영혼의 능동성이라는 관점에서 재조명되고 긍정적으로 답변되기 시작했다.[16]

느낌의 비밀

영혼의 수동성에 대한 아리스토텔레스의 오랜 가르침이 침식되고 영혼의 독자적이고 능동적인 의미가 점차 주목되었다는 것, 이것이 오컴이 지성을 위해 예약해둔 '주체'subiectum라는 개념[17]이 부상하게 된 연유다. 바야흐로 지성은 주체를 독점하고, 주체는 세계의 중심이

---

15 오컴의 표현을 빌리자면 명사(名辭, terminus)는 사물을 지칭한다.

16 이 과정에 대해서는 다음의 두 논문 참조할 것. 김율, 「의지의 자기운동은 운동공리에 맞서 어떻게 정당화될 수 있는가?—헨리쿠스 간다벤시스를 중심으로」, 『철학』 91(2007), 107~132쪽; 「주체의 작용과 대상의 능동성—고데프리두스 데 폰티부스를 중심으로」, 『철학』 99(2009), 49~73쪽.

17 앞선 인용문에 나오는 첫 번째 의미의 앎의 주체를 뜻한다.

된다. 아름다움이라는 명칭이 귀속하는 곳 역시 그 세계의 중심으로 이동한다. 아우구스티누스가 사물의 세계에서 진리를 찾지 못하고 어쩔 수 없이 자신 안으로 눈을 돌렸을 때, 그가 찾은 것은 불안하고 변덕스러운 자기 자신마저 초월하는 진리의 어떤 이념들이었다. 그러나 이제 사람들은 자신 안에서 자신이 낳은, 자신의 것일 뿐인, 추하고 아름다운 관념들을 발견하게 된다. 관념들은 사물의 세계와 연결되어 있으나 그 연결이 끊임없이 의심되고 불투명한 것으로 남게 되는, 능동적인 마음의 자궁이 낳은 자식들이다.

직관의 확실성에 특별히 의미를 부여하는 중세 후기 신비주의 전통과 감정의 극단적 고양을 추구하는 중세 후기의 성화 양식은 중세라는 시대가 이행기에 접어들었음을 알려주는 신호와도 같았다. 오컴의 유명론으로 학문의 대상인 보편자가 마음 바깥 어딘가에 어떤 방식으로든 실존한다는 생각이 뿌리 뽑히고, 인간은 사물이 아니라 자신이 애초에 알 수 있는 것—개념과 명제—만을 알 뿐이라는 사고가 등장하고 나서, 데카르트와 로크가 나타나기까지 약 300년이 걸렸다. 이들의 시대에도 미적 지각은 여전히 확실하고 직접적인 어떤 것이었다. 그런데 그것은 더 이상 사물의 확실성이 아니라 내 경험의 확실성이다. 내가 어떤 그림과 소리를 아름답고 사랑스럽게, 무구한 즐거움으로 보고 듣고 느낄 때, 적어도 나의 느낌만큼은 나에게 확실하지 않은가.

이제 미학자가 궁극적으로 판단하고 해명해야 하는 것은 그림과 소리의 비밀이 아니라 느낌의 비밀이다. 이 사태는 당연히 여러 가지 새로운 난제를 낳는다. 느낌으로서의 아름다움을 판정하기 위한 기준은 무엇인가. 미학은, 아니, 철학은 회의주의와 상대주의를 어떻게 극복할 것인가. 이에 답하기 위해서는 흄의 「취미의 기준에 관해」와 오컴의 『논리학대전』을 직접 읽어보는 수밖에 없다. 물론 칸트의 『판단력비판』도 빠질 수 없다. 그러나 새것 안에 더 나은 답이 있다는 보장이 있는 것은 아니다. 아름다움으로 말하자면 옛것과 새것이란 존재하지 않는다. 아름다움에 대한 물음과 생각으로 말하자면, 도래하는 순서는 있되 깊어지는 순서가 있는 것은 아니다. 다만 물음의 지층이 쌓이는 만큼 우리의 시선이 좀더 깊어질 수 있을 뿐이다.

에코의 소설 『장미의 이름』을 펼쳐보자. 이 소설에서 에코는 수도원 도서관의 연쇄살인 사건을 조사하는 윌리엄 신부라는 인물을 통해 중세 후기의 철학적 상황을 생생하게 그려낸다. 소설의 배경은 1327년으로, 교황 요한 22세와 신성로마제국 황제 루트비히 4세의 갈등이 고조되고 청빈 문제와 관련해 교황이 프란치스코회의 수도사들을 핍박하던 시기였다. 이 소설이 그려내는바, 교황과 황제, 보수파와 청빈파, 아비뇽파와 귀환파, 이단심문관과 돌치노파 이단 그리고 베네딕트회와 프란치스코회 같은 수많은 정치적 주체가 벌이는 이념적·도덕적 투쟁의 소용돌이 속에서 숨은 듯 두드러지는 것은, 다름 아닌 중세 후기 인식론이 겪는 근본적인 전환이다. 에코는 윌리엄 신부를 통해 당시 인식론의 전환 과정을 어떻게 그려내고 있는가?

이 소설이 명시적으로 내세우는 것은 지식을 대하는 두 가지 태도의 대립적 상황이다. 도서관의 비밀서고를 끝까지 지키려는 호르게 신부와 그 서고로 들어가려는 윌리엄 신부가 대변하는 그 두 가지 태도는, '보존이냐 발견이냐' '필사냐 열람이냐' '통제냐 자유냐'라는 말로 요약할 수 있다. 호르게 신부는 지식에는 발전이 아니라 오로지 보존과 기껏해야 궁극적 요약이 있을 뿐이라고 주장하면서, "말씀의 힘에 대해서 알아야 할 내용은 교부들이 모조리 가르쳤는데도 보에티우스라는 사람이 나와서 철학자의 책에 주석을 달자 말씀의 거룩한 신비는 삼단논법의 희롱을 받으며 인간의 풍자극으로 전락하고 말았다"[1]고 한탄하는 사람이다. 이에 비해 윌리엄 신부는 "책이란 믿으라고 만든 것이 아니라 조사해보라고 만든 것"이라고 말하는 데서 알 수 있듯, 권위에 대한 비판적인 의심과 지칠 줄 모르는 합리적 실험 정신을 대변하는 인물이다. 윌리엄 신부가 말하거니와, "진정한 배움이란 우리가 해야 하는 것과 할 수 있는 것만 알면 되는 게 아니라, 할 수 있었던 것, 어쩌면 해서는 안 되는 것까지 알아야 하는 것이다."[2]

에코는 오컴의 동명 후배쯤으로 간주할 수 있는 이 주인공을 내세워, 이토록 계몽된 정신을 지니고 있는데도 한 인간이 선입견을 극복하고 세계를 있는 그대로 보는 것이 얼마나 어려운지를 말하려고 한다. 주인공이 도서관의 맨 끝에 있는 비밀의 서고를 여는 데 필요한 위한 암호를 풀지 못한 이유는 그 암호가 가리키는 실재의 대상이 있으리라는 믿음 때문이었다. 윌리엄이 입수한 양피지 쪽지에 적혀 있던 암호는 '넷의 첫째와 일곱째'primum et septimum de quatuor라는 문구였는데, 그 암호의 '넷'은 어떤 대상을 가리키는 것이 아니라 말 그대로 단어에 불과하다. 즉 암호는 quatuor라는 단어의 첫

1 움베르토 에코, 이윤기 옮김, 『장미의 이름』, 열린책들,
   2006, 841쪽. 인용문은 또 다른 번역본인 이동진 옮김,
   『장미의 이름으로』, 우신사, 1991을 기초로 필자가
   수정함.
2 같은 책, 186쪽.

에코의 『장미의 이름』에 영감을 준
멜크(Melk) 수도원 도서관.
멜크 수도원 도서관은 상트 갈렌 수도원
도서관과 더불어 유럽에 남아 있는
가장 유명한 중세 수도원 도서관으로 꼽힌다.

째와 일곱째 철자인 q와 r을 가리킨다. 윌리엄은 14세기 프란치스코회 철학자답게 학문적으로는 유명론의 관점을 취하면서도, 정작 살인사건이라는 인간사의 추리에서는 실재론의 태도를 벗어나지 못한다. 그러다 아주 우연히 제자 아드소가 지나가며 하는 말을 듣고, 단어를 실재로 착각하지 말아야 한다는 사실을 깨닫는다.

에코는 양피지 암호를 해독하는 과정을 통해 14세기 유명론의 승리를 극적으로 그려낼 뿐 아니라, 이 세계가 수많은 우연으로 구성되어 있을 뿐이라는, 즉 이 세계는 근본적으로 우연적이라는 유명론자들의 또 다른 세계관을 보여주려 한다. 세계가 우연적이라는 것은 무슨 뜻인가? 연역적 추리를 통해 발견해야 할 필연적 법칙이나 질서는 다만 인간이 인위적으로 구성한 가공의 것일 뿐, 실제 세계의 질서는 신의 자유로운 의지에 따라 그저 이런 모습으로 세워졌다는 것이다. 세계의 우연성을 있는 그대로 바라볼 때, 세계의 사건들을 어떤 선험적인 법칙에 억지로 꿰어 맞추어 해석하려는 강박에서도 자유로워질 수 있다.[3] 그렇다면 에코는 당시의 이 새로운 세계관을 어떻게 보여주는가? 바로 윌리엄 신부의 실수와 고백을 통해서다. 윌리엄 신부는 화재가 발생한 도서관에서 탈출해 제자에게 자신의 잘못된 추리를 다음과 같이 회고한다. ·

아드소, 나는 기호의 진실을 의심한 적이 없어. 이 세상에서 인간이 나아갈 길을 알려주는 것은 기호밖에 없거든. 내가 이해하지

---

3 이런 의미에서 중세의 실재론을 정체된 봉건적 계급질서의 세계관으로, 유명론을 권위주의적이고 집단적인 삶의 형태가 붕괴해가는 시대의 동적·진보적·자유주의적 세계관으로 간주하는 하우저의 설명은, 과장과 단순화의 혐의가 없지는 않으나, 귀를 기울일 만하다. 아놀드 하우저, 백낙청 옮김, 『문학과 예술의 사회사―고대, 중세편』, 창작과비평사, 1976, 264~266쪽.

못한 것은 기호와 기호의 관계야. 나는 내가 일련의 사건 밑에 묵시록이 깔려 있다고 생각하면서 호르게에게 도달했어. 그런데 그게 우연의 일치였어. 나는 일련의 사건을 일으킨 단일한 범인을 추적하다가 호르게에게 이르렀지만, 결국 각각의 사건에서 범인이 다 다르다는 걸, 아니, 범인은 아무도 없었다는 걸 알게 되었어. 나는 합리적이면서 사악한 누군가의 계획을 추적하다가 호르게에게 이르렀지만, 그런 계획은 처음부터 없었어. 아니, 호르게에게 구상이야 있었지만, 그가 구상을 감당할 수 없게 되자 여러 인과작용이, 상호적이고 모순적인 인과작용이 꼬리를 물었고, 계획과 전혀 상관없는 이상한 관계가 생겨났지. 그렇다면 내 지혜는 어디에 있을까? 나는 가상의 질서를 쫓으면서 그것만 고집했어. 우주에 질서가 없다는 것을 알았어야 했는데.[4]

윌리엄은 살인사건이 발생했을 때부터 누군가 「요한묵시록」의 틀에 따라 범죄를 일으킨다고 가정하고 정교하게 추리를 했지만, 사건의 진상을 알게 해준 것은 연역적 추리의 노고가 아니라 지극히 사소하고 우연한 사건들—마구간에서 나눴던 대화, 아드소가 꾼 꿈의 해석—이었다. 모든 인간이 그렇듯이, 윌리엄 역시 우연을 사후적으로 인식했을 뿐이다. 이런 의미에서 승리자는 오히려 장님인 호르게 신부다. 도서관 끝의 밀실에서 아리스토텔레스의 희극론이 적힌 양피지를 먹어버리면서 「요한묵시록」의 일곱 번째 나팔소리처럼 의기양양하게 처음이자 마지막으로 웃는 호르게의 마지막

---

4 같은 책, 872~873쪽.

중세의 풍자적 세밀화들.
중세는 종교가 인간 삶의 모든 측면에
영향을 미치는 시대였지만
그렇다고 해서 종교적 엄숙주의가 지배하는
시대는 아니었다.

말은 이렇다. "이런 결말을 상상하지는 못했겠지요. 안 그렇소? 보시오, 이 늙은이가 하느님의 은총으로 또 한 차례 승리한 겁니다."[5]

에코가 소설을 통해 설명하려는 것처럼, 14세기의 인식론은 추론의 확실성과 직관의 명증성을 예리하게 구별하는 경향이 있었다. 명증성^{evidentia}이라는 말은 그 어형$^{\text{e-videns}}$이 말해주듯이 '봄'에서 비롯된다는 뜻이다. 지성은 사물의 존재를 명증하게 직관한다. 이에 비해 세계의 이성적 구조나 그 배후를 관통하는 필연적 법칙은 추상적 원리를 가정하고 추론과 숙고를 거듭함으로써 비로소 인식될 수 있는 것이다. 이러한 인식이 성공하면 확실성에 도달할 수 있다는 것을 부정할 필요는 없지만, 적어도 그 확실성이 지금 눈앞에 있는 사물에 대한 인식의 명증성과 다른 종류의 것이라는 사실은 분명하다. 중세 후기에 왜 이 구별이 부각되는가? 이는 세계의 우연성에 대한 의식이 첨예해진다는 사정과 무관하지 않다. 존재한다는 것은 우연적이라는 뜻이다. 왜 그러한가? 우연적이라는 말은 자유로운 의지의 소산이라는 뜻이고, 이 세계는 하느님의 자유의지에 따라 존재하는 것이기 때문이다. 그러므로 유명론과 주의주의主意主義, voluntarism를 시대정신으로 삼았던 14세기 철학자들은 이 세계가 반드시 이런 모습으로, 우리가 파악하는 자연적·인문적 질서에 따른 모습으로 존재해야만 할 내재적인 이유를 찾지 못했다. 만일 이유가 있다면, 모순율에 위배되지 않는 한에서 무엇이든 할 수 있는 하느님의 전능한 의지가 그렇게 명령하고 원했다는 이유만 있을 뿐이니, 인간으로서

5 같은 책, 853쪽.

는 이 의지의 실정성實定性을 승인하고 가급적 더 풍부한 경험과 관찰로 그것을 명증하게 인식하려고 노력해야 할 뿐.

우연의 승리를 선언하는 인식론에 따라 중세 그리스도교 문명을 지탱해온 신앙과 이성의 조화는 서서히 종말을 고한다. 신앙과 이성은 공통된 근원을 가지고 있다. 따라서 인간이 신앙의 윤곽을 이성적으로 이해하고 설명할 수 있다는 태도는, 개인과 국면에 따라 정도의 차이는 있을지언정, 중세철학이 출발할 때부터 서양의 지적 문명 전반을 떠받쳐온 힘이었다. 그러나 1277년 파리주교가 파리대학의 아베로에스주의자들을 겨냥해 발표했던 219개의 단죄목록에서 드러나듯, 신앙과 이성을 분리하려는 태도는 스콜라철학의 전성기 때부터 서서히 무르익고 있었다. 이렇게 해서 믿는 것과 아는 것이 다를 수 있다는 태도, 우연을 지배하는 실정법과 필연을 실현하는 자연법이 다른 질서를 구성한다는 태도, 세속의 정치권력에 보편적인 도덕적 대의를 담당하는 교황이 손을 뻗으면 안 된다는 태도는 중세 후기의 지배적인 시대정신으로 등장한다. 오컴은 말한다. "나는 단언한다. 하느님이 전능하다는 것을 증명할 수는 없다. 우리는 다만 그것을 믿을 수 있을 뿐이다."[6]

중요한 것은 이러한 상황에서 인간 지성이 욕구하는 바도 달라진다는 사실이다. 우연은 지속성을 필요로 하지 않는다. 우연은 항상 새롭다. 쟈크 르고프Jacques le Goff, 1924~2014가 묘사한 대로, '새로움에 대한 두려움'이라는 중세의 지배적인 망탈리테는 전성기 스콜라철학을 거쳐 중세 후기로 오면서 두드러지게 약화된다.[7] 인간의 지성

6 *Quodlibeta* VI, q.1.
7 쟈크 르고프, 유희수 옮김, 『서양 중세 문명』, 문학과지성사, 1992, 414쪽 이하 참조할 것.

은 더 이상 지속적 존재자와 보편적 존재자에 강한 매력을 느끼지 않는다. 아니, 그것들을 포기하고 담담한 신앙의 영역으로 넘겨주었다고 말하는 것이 맞을 것이다. 아리스토텔레스가 증명했던 부동의 원동자 같은 우주의 근원이나 존재자 전체의 통합적 모습에 대한 사유가 아니라, 이제 개별적 사건과 사물 자체에 지성의 초점을 맞추는 시대가 도래한 것이다.

이러한 변화는 미학에 어떤 의미가 있는가. 아름다움은 여전히 '존재하는 것'이다. 그렇기에 이제 아름다움은 개별자로서, 우연자들의 질서 안에서 파악된다. 온 세계의 창조에 대한 성경의 기록과 플로티노스가 사유했던 하나의 빛에서 시작된 중세미학은 어느덧 영롱한 보석 조각들에 대한 명증한 인상으로 끝을 맺는다. 미적 감수성과 미학이 언제나 일치하지는 않는다. 그러나 미학은 미적 감수성을 따라가게 되어 있다. 중세의 미적 감수성은 본래 형형색색의 개체에 민감하게 반응했다. 12세기 초반 생 드니 성당을 개축해 고딕 건축의 시대를 열었던 수도원장 쉬제^{Abbot Suger, 1081~1151}가 교회를 장식하는 자신의 열의와 즐거움을 표현한 다음과 같은 문장은, 어떤 의미에서 중세의 거의 표준적인 미적 감수성이라고 할 만하다. "어머니 교회에 대한 사랑으로 새롭고 또한 오래된 이 다기한 장식물을 우리는 자주 바라본다. 저 놀라운 엘리기우스의 십자가를 작은 십자가와 함께 바라볼 때 그리고 속어로 '깃'^{crista}이라고 불리는 저 비할 바 없는 장식들이 황금의 제단 위에 놓인 모습을 바라볼 때, 나는 가슴속으로 신음하며 말하는 것이다. 홍옥, 토파즈, 벽옥,

감람석, 마노, 녹주석, 사파이어, 석류석, 에메랄드, 이 귀한 돌들이
전부 당신의 덮개라고."[8]

쉬제의 열거법은 중세는 암흑의 시대가 아니라 실로 다채로운 빛
의 시대였음을 보여준다. 물론 빛에 대한 취향은 허무와 어둠에 대
한 두려움에서 나온 것이다. 중세 후기의 미학은 아름다움의 열거
에 대한 지적인 용인과 같은 어떤 것으로 간주할 수 있다. 허무를
차단하고 존재의 아름다움을 통합하려는 이상 자체가 사라지는 것
은 아니지만, 적어도 열거할 수 있는 개별자들에 대한 미적 지각이
미학에서 우선적으로 중요해진다는 것은 분명해 보인다. 이는 개별
적 자연물에서 신적 진리와 섭리의 약속을 읽어내려는 뿌리 깊은
상징주의 미학이 결실을 맺었다는 것을 의미하기도 한다.

중세 후기 미학의 새로운 경향을 중세미학의 퇴조나 쇠락으로 볼
것인가? 중세미학을 무엇으로 간주하는지에 따라 이에 대한 대답
은 달라질 것이다. 그러나 한 가지 잊어서는 안 될 것은, 중세의 미

---

8 De adminstratione, XXXIII, "Haec igitur tam
nova tam antiqua ornamentorum discrimina ex
ipsa matris ecclesiae affectione crebro
considerantes, dum illam ammirabilem sancti
Eligii cum minoribus crucem, dum incomparabile
ornamentum, quod vulgo 'crista' vocatur, aureae
arae superponi contueremur, corde tenus
suspirando: Omnis, inquam, lapis preciosus
operimentum tuum, sardius, topazius, jaspis,
crisolitus, onix et berillus, saphirus, carbunculus
et smaragdus." (*Abbot Suger on the Abbey Church
of St. -Denis and its Art Treasures*, ed. by E. Panofsky,
Princeton University Press, [2]1979, p.62.)
『장미의 이름』에서 수도원의 보물을 자랑하는
베네딕트회 수도원장을 묘사할 때, 에코는 쉬제의
이 구절을 염두에 두고 있었음이 틀림없다.
『장미의 이름』, 267쪽 이하.

적 감수성이 다양하고 자유분방했던 그 정도만큼은 아니지만, 중세미학 역시 다채로움을 간직하고 있었다는 사실이다. 앞에서 언급한 중세미학의 정체성은 여전히 유효하다. 그러나 그 정체성에는 존재자 자체의 속성을 탐구하는 초월범주 이론뿐 아니라 비텔로^{Vitelo, 1230~1280/1314}의 광학, 로저 베이컨^{Roger Bacon, 1214~94}의 무지개 연구, 오컴의 유명론도 포함될 수 있다. 다채로움이 통일성을 부정하는 것은 아니니, 이는 우리가 중세철학에 대해 말할 때도 마찬가지다.

참고문헌

1차 문헌

Albertus Magnus, *Super Dionysium De divinis nominibus*, Opera Omnia Alberti Magni (Editio Coloniensis), vol.37, Aschenforff, 1972.

_____, *Albertus Magnus und sein System der Wissenschaften*, hrsg. von Albertus-Magnus-Institut, Aschendorff, 2011.

Alexander Halensis, *Summa Theologica*, t.1, edited by Bernardini Klumper and the Quarracchi Fathers, Collegii S. Bonaventurae, 1924.

Aristoteles, *Metaphysik*, übers. von H. Bonitz, bearb. von H. Seidl, Meiner, 1980. (김진성 옮김, 『형이상학』, 이제이북스, 2007; 조대호 옮김, 『형이상학』, 길, 2017).

Augustinus, *Confessiones*, ed. L. Verheijen, Corpus Christianorum Series Latina 27, Brepols, 1981(최민순 옮김, 『고백록』, 바오로딸, 1995; 선한용 옮김, 『성어거스틴의 고백록』, 대한기독교서회, 2003; 성염 옮김, 『고백록』, 경세원, 2017).

_____, *De ordine*, ed. W. M Green, Corpus Christianorm Series Latina 29, Brepols, 1955(성염 옮김, 『질서론』, 분도출판사, 2017).

_____, *De vera religione*, ed. K. -D. Dauer, Corpus Christianorm Series Latina 32, Brepols, 1962(성염 옮김, 『참된 종교』, 분도출판사, 1989).

_____, *De civitate Dei*, eds. B. Dombart & A. Kalb, Corpus Christianorum Series Latina 47~48, Brepols, 1955(성염 옮김,『신국론』, 분도출판사, 2004).

_____, *De Trinitate*, ed. W. J. Mountain, Corpus Christianorum Series Latina 50, Brepols, 1968(성염 옮김,『삼위일체론』, 분도출판사, 2015).

Duns Scotus, *Opera Omnia*, ed. Balic, Rom, 1950ff.

_____, *Duns Scotus on the Will and Morality*, ed. by A. Wolter, The Catholic University of America Press, 1986.

Abbot Suger, *Abbot Suger on the Abbey Church of St. Denis and Its Art Treasures*, ed. by E. Panofsky, Princeton University Press, 1979.

Thomas Aquinas, Opera omnia iussu impensaque Leonis XIII edita, Roma, 1882ff. (ed. Leonina).

William Ockham, *Opera philosophica et theologica*, ed. Gedeon Gál, et al., St. Bonaventure, The Franciscan Institute, 1967~88.

_____, *Texte zur Theorie der Erkenntnis und der Wissenschaft*, hrsg. & übers. von R. Imbach, Philipp Reclam, 1987.

2차 문헌

김율,「중세 스콜라철학의 초월주(超越疇) 이론과 미」,『철학과 현상학 연구』 26 (2005), 207~33쪽.

_____,「토마스 아퀴나스의 존재론적 미 개념」,『미학』 43 (2005), 67~90쪽.

_____,「도덕적 선과 미의 존재론적 유비」,『가톨릭철학』 24 (2015), 107~133쪽.

김현태,『둔스 스코투스의 철학사상』, 가톨릭대학교출판부, 1994.

르고프, 유희수 옮김,『서양중세문명』, 문학과지성사, 1994.

볼드윈, 박은구·이영재 옮김,『중세문화이야기』, 혜안, 2002.

미학대계 간행회,『미학의 역사』, 서울대학교출판부, 2007.

서양근대철학회,『서양근대미학』, 창작과비평사, 2012.

스완슨,『12세기 르네상스』, 최종원 옮김, 심산, 2009.

스트레이어, 김동순 옮김,『서양문화의 뿌리를 찾아서』, 성균관대학교출판부, 2008.

에코, 이윤기 옮김,『장미의 이름』, 열린책들, 2000.

_____, 김효정·최병진 옮김,『중세 1』, 시공사, 2015.

_____, 윤종태 옮김,『중세 2』, 시공사, 2015.

정의채,『형이상학』, 성바오로, ²1992.

Anzulewicz, H., "Pseudo-Dionysius Areopagita und das Strukturprinzip des Denkens von Albert dem Großen," in *Die Dionysius-Rezeption im Mittelalter*, ed. A. Speer, Brepols, 2000, pp.251~295.

_____, "Die platonische Tradition bei Albertus Magnus. Eine Hinführung," in *The Platonic Tradition in the Middle Ages*, ed. by S. Gersh, Walter de Gruyter, 2002, pp.279~324.

Aertsen, J., "Beauty in the Middle Ages: A Forgotten Transcendentals?" in *Medieval Philosophy and Theology* 1, 1991, pp.68~97.

_____, "Die Frage nach der Transzendentalität der Schönheit im Mittelalter," in *Historia Philosophiae Medii Aevii* Bd.1, hrg. B. Mojsisch und O. Pluta, Amsterdam, 1991, pp.1~22.

_____, "Das Schöne II. Mittelalter," in *Historische Wörterbuch der Philsophie*, Basel, 1992, pp.1351~1356.

_____, *Medieval Philosophy as Transcendental Thought*, Brill, 2012.

Assunto, R., *Die Theorie des Schönen im Mittelalter*, Dumont, 1992.

Bender, M., *The Dawn of the Invisible, The Reception of the Platonic Doctrine on Beauty in the Christian Middle Ages*, MV-Verlag, 2010.

Böhner/Gilson, *Christliche Philosophie*, Paderborn, 1954.

Brown, P., *Augustine of Hippo*, University of California Press, 2000(정기문 옮김,『아우구스티누스』, 새물결, 2012).

Bychkov, O., "The Reflection of some Traditional Stoic Ideas in the Thirteenth-Century Scholastic Theories of Beauty," *Vivarium* 34, 1996, pp.141~60.

_____ , *A Propos of Medieval Aesthetics*, University of Toronto, Doctor thesis, 1999.

_____ , "What does Beauty have to do with the Trinity? From Augustine to Duns Scotus," *Franciscan Studies* 66, 2008, pp.197~209.

_____ , (ed.), *Theological Aesthetics after von Balthasar*, Hampshire: Ashgate 2008.

_____ , Aesthetic Revelation, The Catholic University of America Press, 2010.

Carruthers, M., *The Experience of Beauty in the Middle Ages*, Oxford University Press, 2013.

Coreth, E.: *Metaphysik*, Tyrolia, ^{3}1980.

de Bruyne, E., *Etudes d'esthétique médiévale*, vol.2, Albin Michel, 1998.

de Libera, A., *Albert le Grand et la philosophie*, Vrin, 1990.

Dickie, G., *The Century of Taste*, Oxford University Press, 1996.

Eco, U., *Art and the Beauty in the Middle Ages*, trans. H. Bredin, Yale University Press, 1986(손효주 옮김, 『중세의 미학』, 열린책들, 2009).

_____ , *The Aesthetics of Thomas Aquinas*. trans. by H. Bredin, Cambridge, Mass., Harvard University Press, 1988.

Elders, L., *Die Metaphysik des Thomas von Aquin in historische Perspektive*, Anton Pustet, 1981(박승찬 옮김, 『토마스 아퀴나스의 형이상학』, 가톨릭출판사, 2003).

Gilson, E., *Introduction à l'étude de saint Augustin*, Vrin, 2010(김태규 옮김, 『아우구스티누스 사상의 이해』, 성균관대학교출판부, 2010).

Hauser, A., *Sozialgeschichte der Kunst und Literatur*, C. H. Beck 1953(백낙청 옮김, 『문학과 예술의 사회사』, 창작과비평사, 1976).

Huizinga, J., *Herbst des Mittelalters. Le Déclin du Moyen Age*, Kröner, 1919(최홍숙 옮김, 『중세의 가을』, 문학과지성사, 1997).

Ingham, M., "Duns Scotus' Moral Reasoning and the Artistic Paradigm," *Via*

Scoti; methodologica ad mentem Joannis Duns Scoti 1, 1995, pp.825~837.

_____ , *La vie de la sagesse. Le stoïcisme au Moyen Âge*, Fribourg, Academic Press, 2007.

_____ , *Rejoicing in the Works of the Lord*, Franciscan Institute, 2009.

_____ , *The Harmony of Goodness*, Franciscan Institute, 2012.

Kovach, F., *Die Ästhetik des Thomas von Aquin*, Berlin, 1961.

_____ , "The Transcendentality of Beauty in Thomas Aquinas," in *Die Metaphysik im Mittelalter*, ed. by Wilpert, Akademie, 1963.

_____ , "Divine and Human Beauty in Duns Scotus' Philosophy and Theology," *Studia Scolastico Scotistica* 5, Societas Internationalis Scotistica, 1972, pp.445~459.

_____ , *Philosophy of Beauty*, Norman: University of Oklahoma Press, 1976.

Louth, A., *The Origins of the christian Mystical Tradition*, Oxford University Press, 1981(배성옥 옮김, 『서양 신비사상의 기원』, 분도출판사, 2001).

Lindberg, D., "Roger Bacon on Light, Vision, and the Universal Emanation of Force," in *Roger Bacon and the Science*, ed. by J. Hackett, Brill, 1997, pp.243~276.

Maritain, J., *Art and Scholasticism*, Sheed & Ward, 1939.

_____ , *Creative Intuition in Art and Poetry*, Pantheon Books, 1953(김태관 옮김, 『시와 미와 창조적 직관』, 성바오로, 1982).

Maurer, A., *About Beauty: A Thomistic Interpretation*, University of St. Thomas Press, 1983.

Panofsky, E., *Gothic Architecture and Scholasticism*, Latrobe, 1951(김율 옮김, 『고딕건축과 스콜라철학』, 한길사, 2015).

Perpeet, W., *Ästhetik im Mittelalter*, Alber, 1977.

Pomplun, T., "Notes on Scotist Aesthetics in Light of Gilbert Narcisse's Les Raison de Dieu," *Franciscan Studies* 66, 2008, pp.247~68.

Pöltner, G., *Schönheit: Eine Untersuchung zum Ursprung des Denkens bei Thomas von Aquin*, Herder, 1978.

Ramos, A., *Dynamic Transcendentals*, The Catholic University of America Press, 2012.

Riordan, W., *Divine Light. The Theology of Denys the Areopagite*, Ignatius Press, 2008.

Sachs, H., *Wörterbuch zur christlichen Kunst*, Deutsch, 2017.

Sammon, B., *The God Who is Beauty*, Eugene, Pickwick, 2013.

Schäfer, Ch., *The Philosophy of Dionysius the Areopagite*, Brill, 2006.

Sevier, C., *Aquinas on Beauty*, Lexington Books, 2014.

Sondag, G., "The Conditional Definition of Beauty by Scotus," *Medioevo* 31, 2005, pp.191~208.

Speer, A., "Aquinas, Thomas," in *Encyclopedia of Aesthetics*, vol.1, ed. Michael Kelly, New York-Oxford, 1988. pp.76~79.

Suchla, B., *Dionysius Areopagita. Leben–Werk–Wirkung*, Herder, 2008.

Tatarkiewicz, W., *History of Aesthetics*, vol.2, Mouton, 1970(손효주 옮김, 『미학사』, 미술문화 2006).

Viladesau, R., *Theological Aesthetics: God in Imagination, Beauty, and Art*, Oxford University Press, 1999(손호현 옮김, 『신학적 미학』, 한국신학연구소, 2001).

von Balthasar, H.U., *Herrlichkeit. Eine theologische Ästhetik* III-1, Einsiedeln, ²1975.

Werner, H. -J., "Die Erfassung des Schönen in seiner personalen und ethischen Bedeutung bei Duns Scotus," in John Duns Scotus. *Metaphysics and Ethics*, ed. by L. Honnefelder, Brill, 1996, pp.535~550.

Williams, T., "From Metaethics to Action Theory," *The Cambridge Companion to Duns Scotus*, CUA Press, 2003, pp.332~351.

Wolter, A., "Native Freedom of the Will as a Key to the Ethics of Scotus," *The Philosophical Theology of John Duns Scotus*, ed. M. Adams, Ithaca, 1990, pp.148~162.

Zimmermann, A., *Thomas lesen*, holzboog, 2000(김율 옮김, 『토마스 읽기』, 성바오로, 2004).

찾아보기

용어

ㄱ

감각 21, 22, 25, 33, 46, 58~61, 63,
64, 81, 89, 96, 107, 113, 125,
180, 189, 193, 194, 195, 200, 203
결여 85, 122, 156, 158, 159, 165,
168, 191
관념 29, 48, 101, 105, 123, 176,
177, 184, 194, 197, 199~201,
205~207
그리스도 18, 50, 93, 120, 133
~교 17, 18, 20, 23, 25, 26, 28~30,
34~36, 38, 39, 61, 77, 78, 98, 216

ㄷ

단일성 56~60, 63

ㅁ

마니교 44
목적 23, 110~112, 115, 116, 165,
168

물체 30, 40, 43, 44, 46, 48, 56~59,
107, 119, 125, 127, 155, 158,
166, 168, 172~175, 183, 184,
200, 201, 206
미학 15~17, 21~23, 28, 30, 33, 34,
39, 51, 61, 63, 64, 71, 78, 98, 99,
101, 103, 106, 123, 134,
154~156, 169, 170, 176, 177,
184, 194, 197, 201, 208
－고대미학 17, 20~23, 25, 28~30,
33, 195
－중세미학 15~18, 20~23, 25, 26,
28~30, 32, 33, 174, 185, 194
－근대미학 9, 17, 148, 197
미학사 17, 23, 25, 73, 83, 154, 198

ㅂ

보편자 205, 207
비례 21, 30, 33, 58, 59, 120, 124,

인물

중세의 아름다움

김율의 서양중세미학사강의

지은이 김율
펴낸이 김언호

펴낸곳 (주)도서출판 한길사
등록 1976년 12월 24일 제74호
주소 10881 경기도 파주시 광인사길 37
홈페이지 www.hangilsa.co.kr
전자우편 hangilsa@hangilsa.co.kr
전화 031-955-2000~3 팩스 031-955-2005

부사장 박관순 총괄이사 김서영 관리이사 곽명호
영업이사 이경호 경영이사 김관영
편집 김광연 민현주 백은숙 노유연 이경진 김대일
마케팅 양아람 관리 이중환 문주상 이희문 김선희 원선아
디자인 창포 031-955-9933
CTP 출력 및 인쇄 예림인쇄 제본 중앙제책사

제1판 제1쇄 2017년 12월 14일

값 14,000원
ISBN 978-89-356-7046-8 04080
ISBN 978-89-356-7041-3 (세트)

• 이 책은 2015년 대한민국 교육부와 연구재단의 지원을 받아 수행된 연구임.
(NRF-2015S1A5A2A01015068)